THIS BOOK

BOLONGS TO

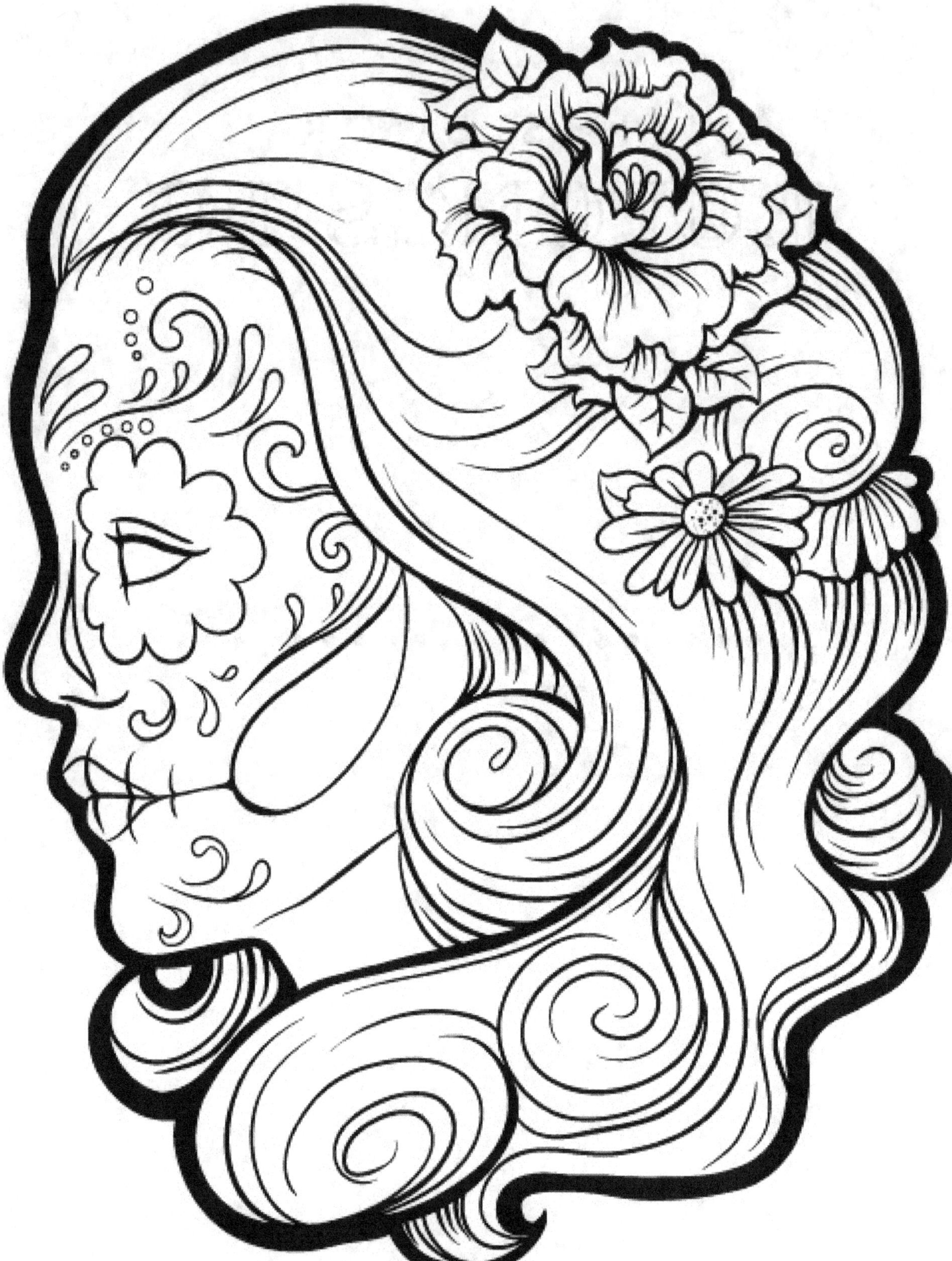

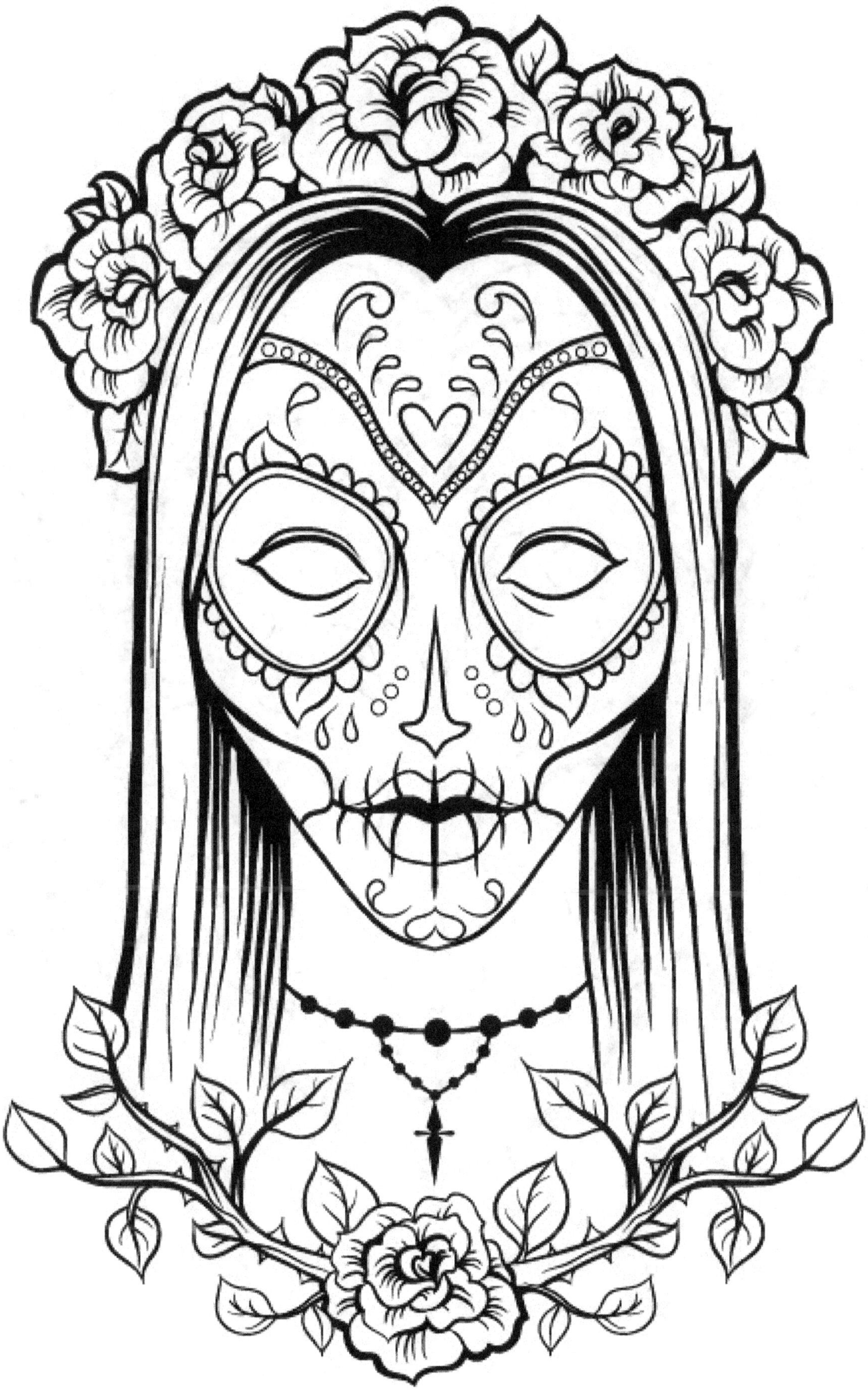

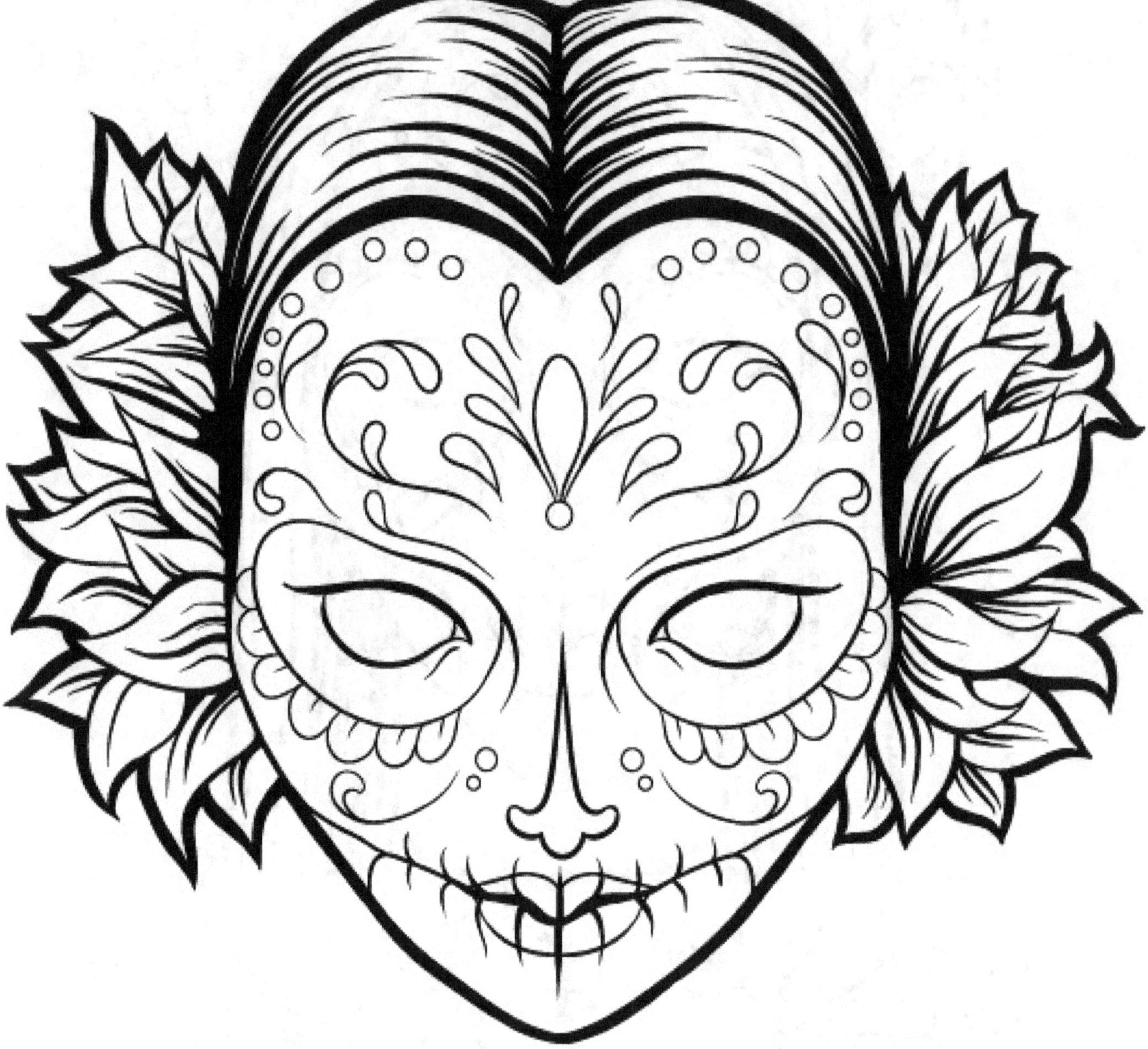

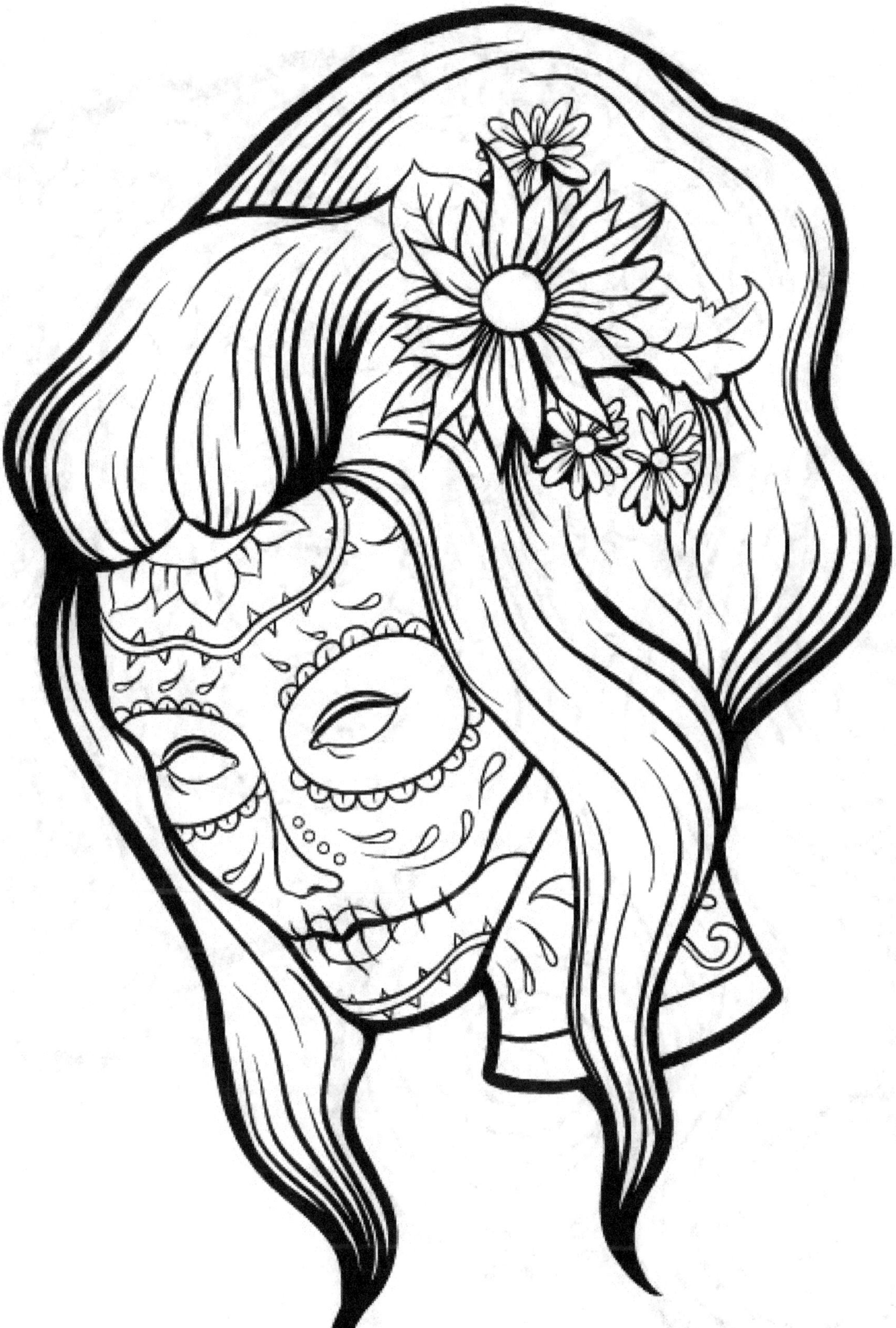

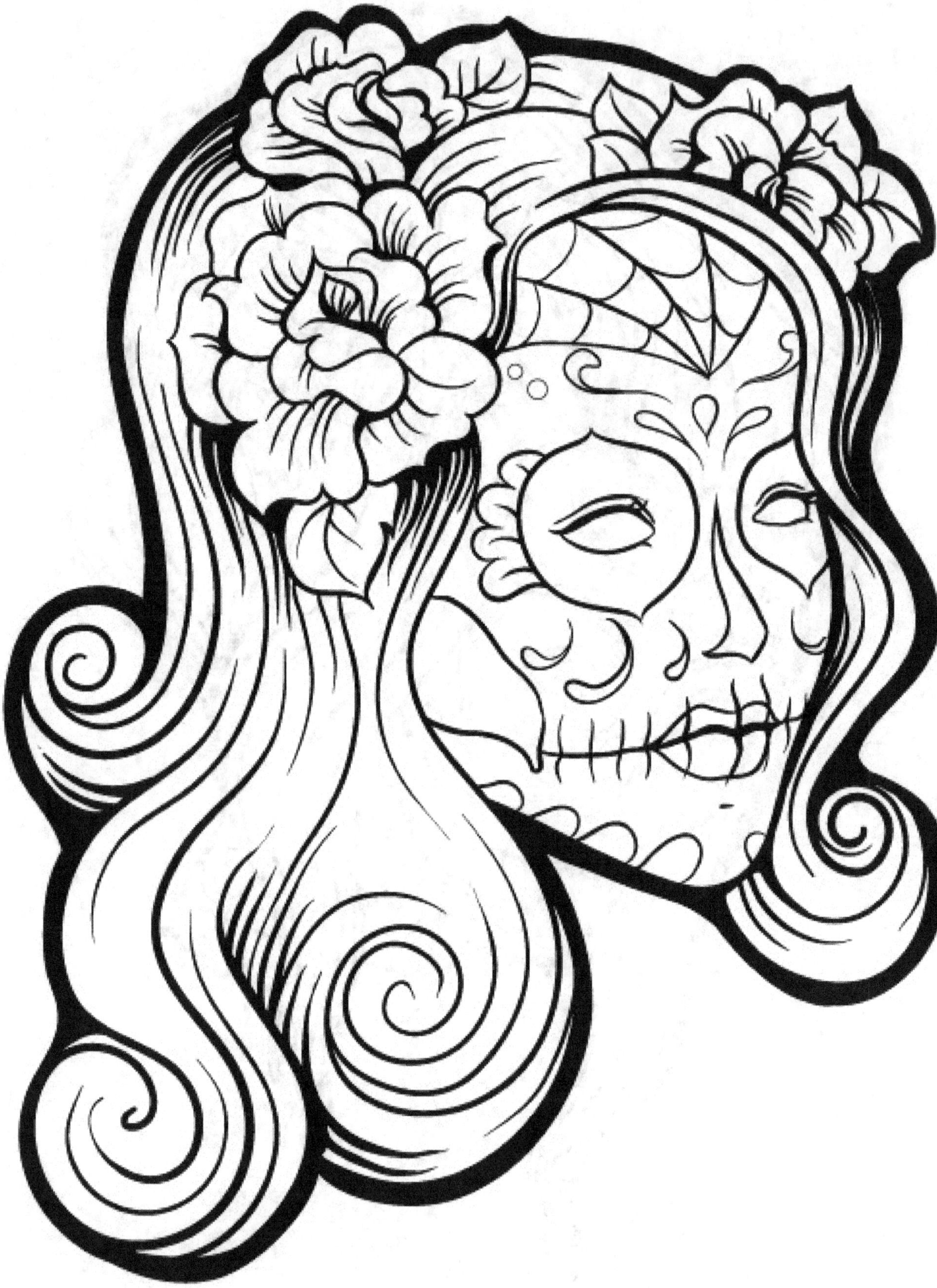

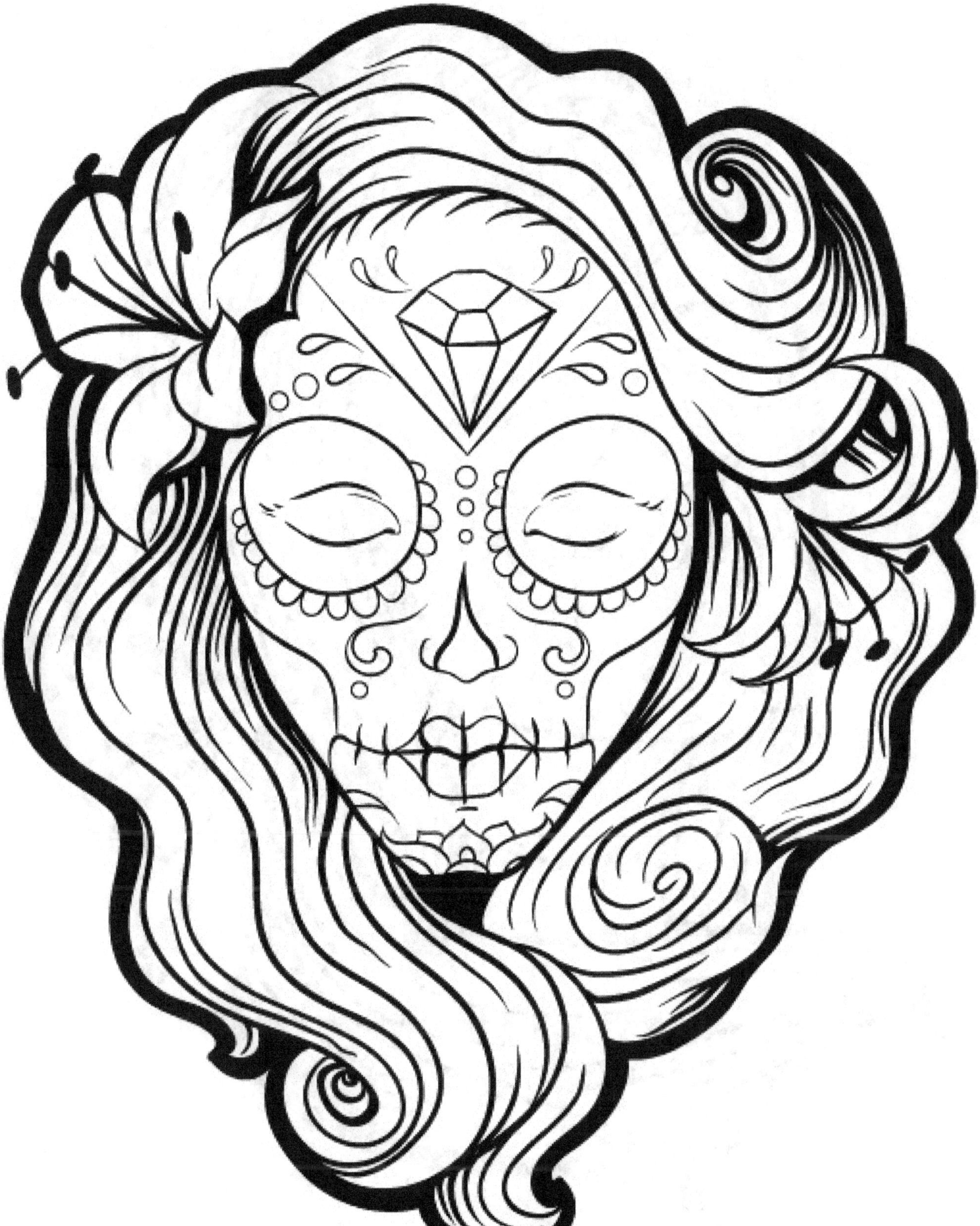

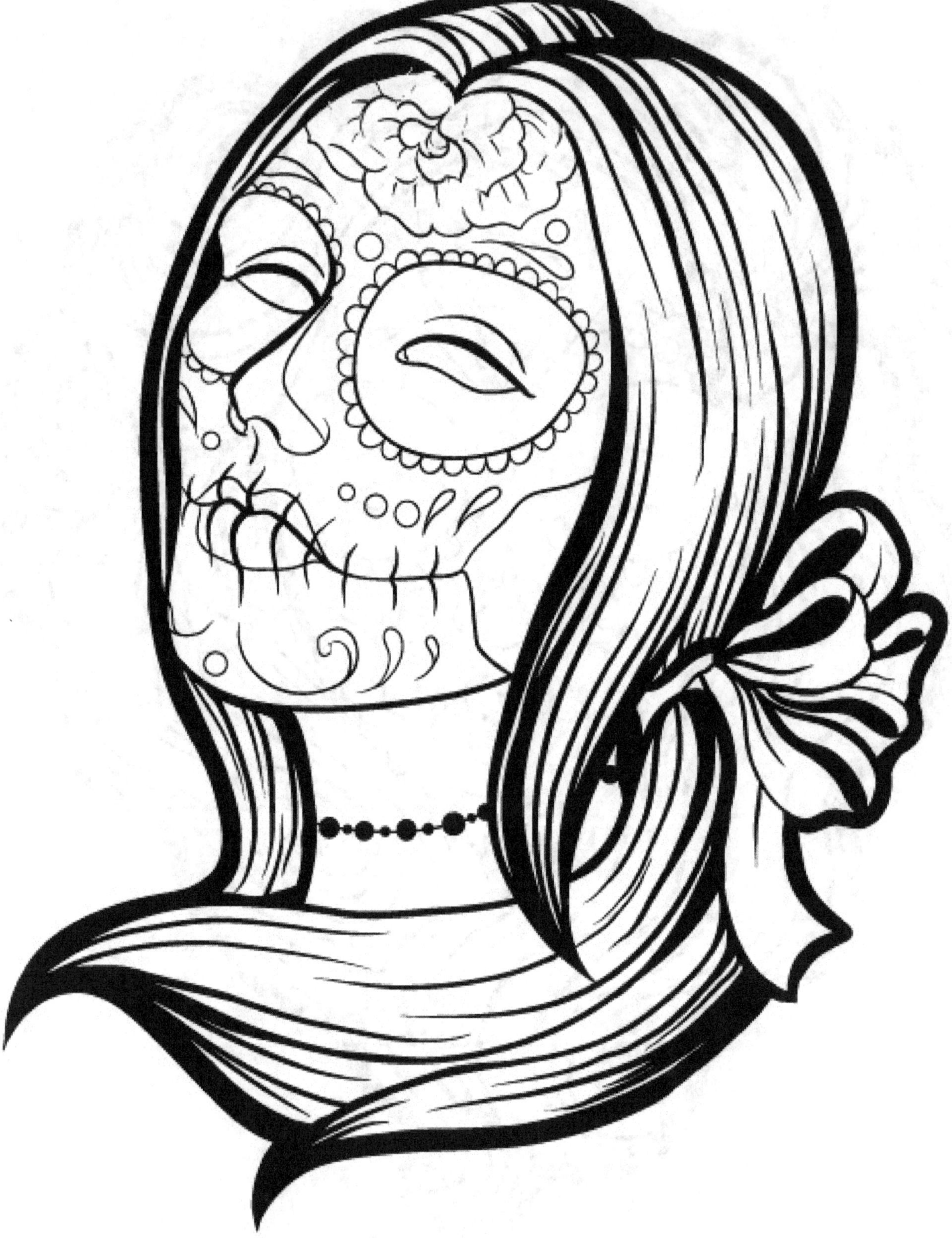

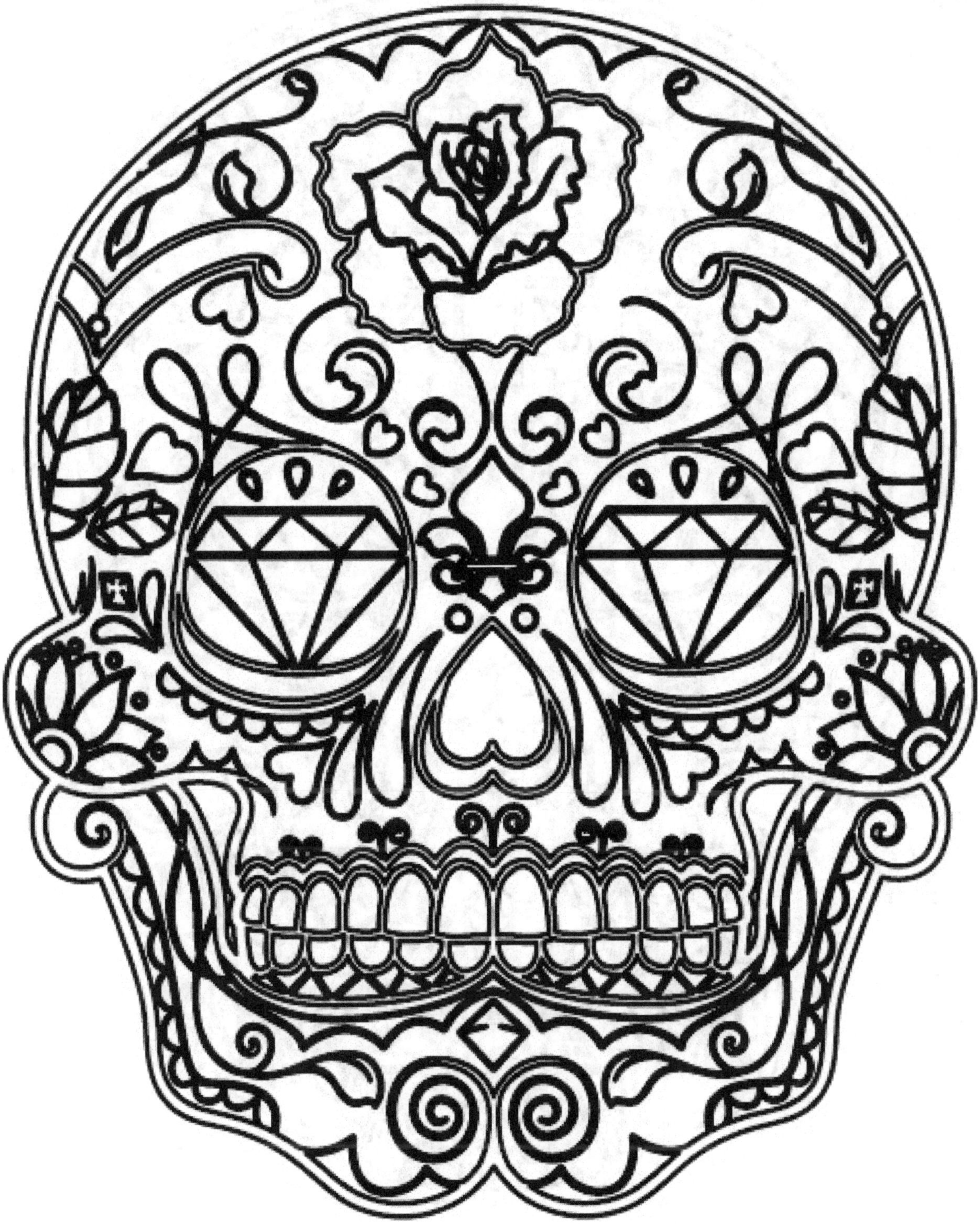

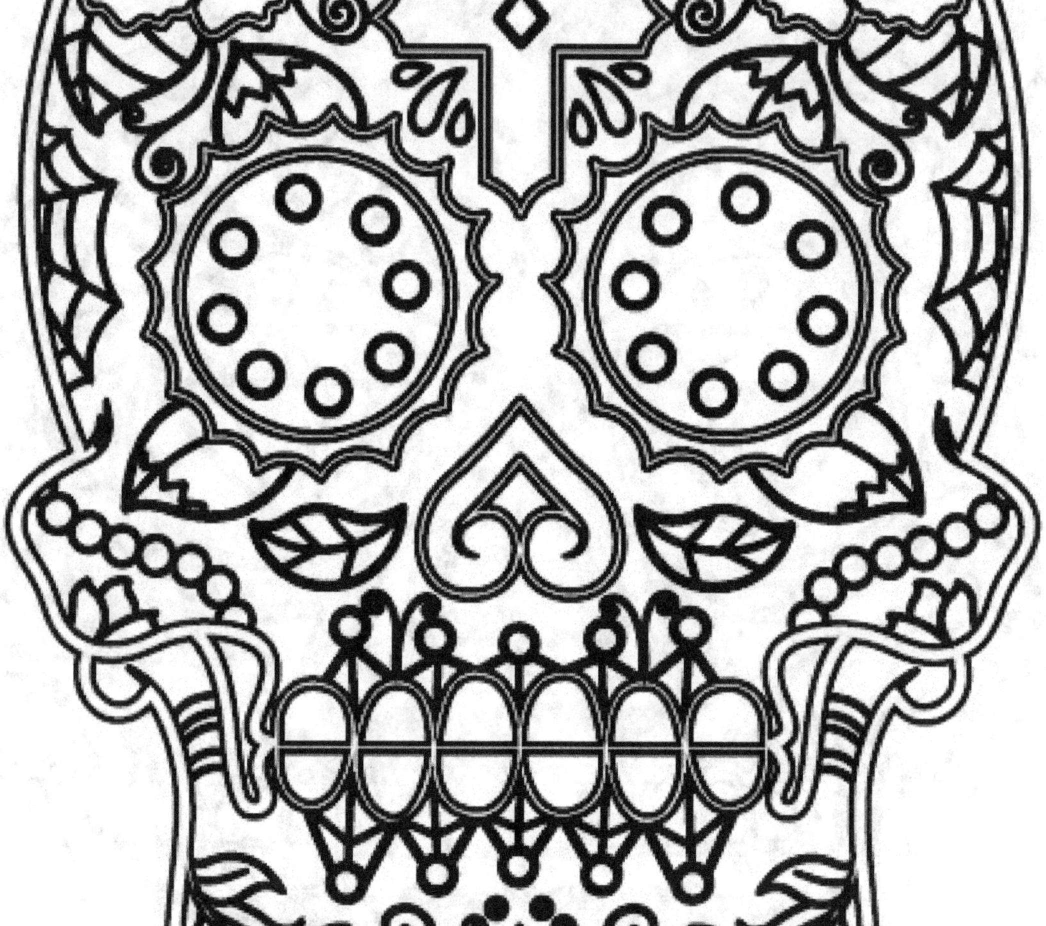

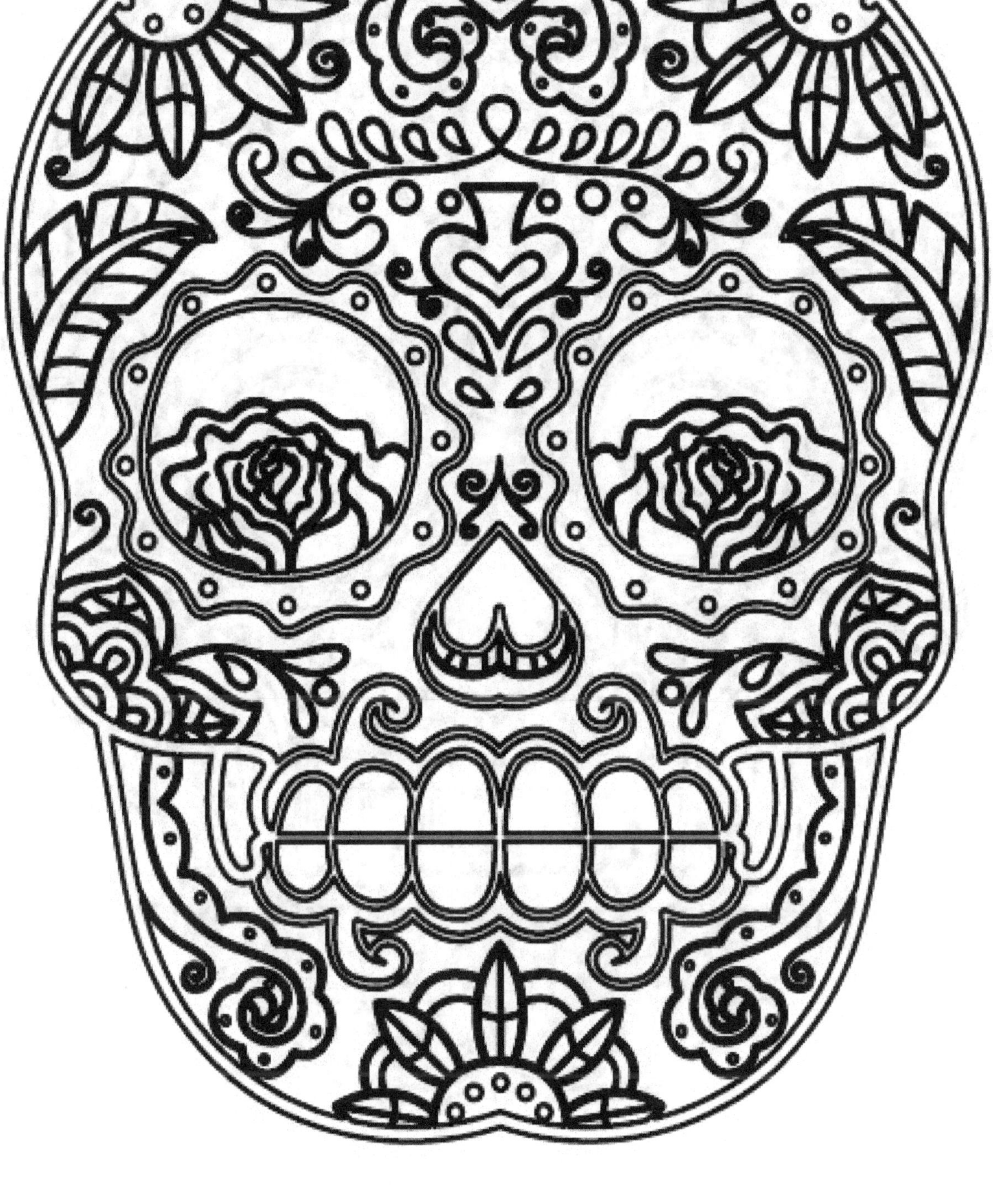

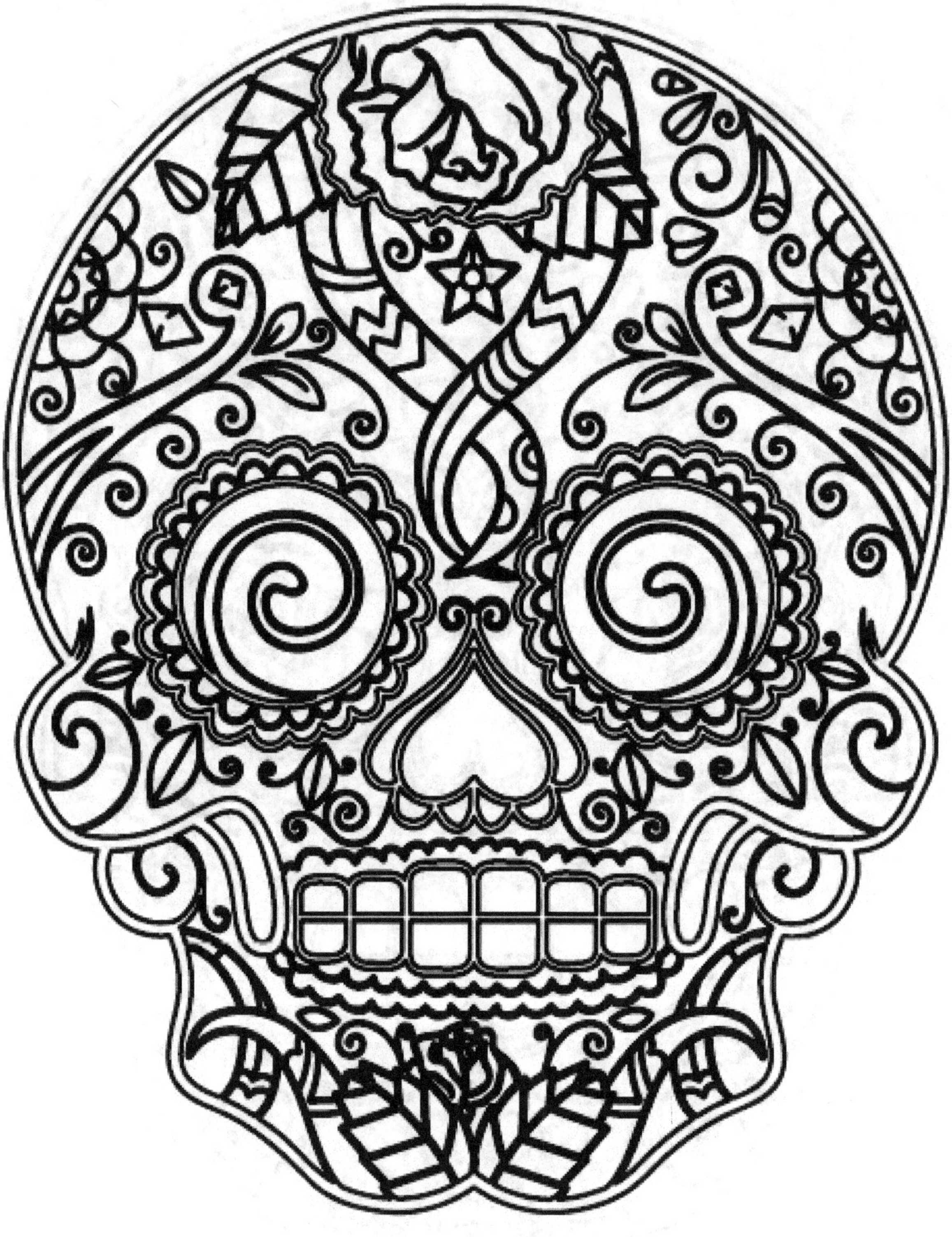

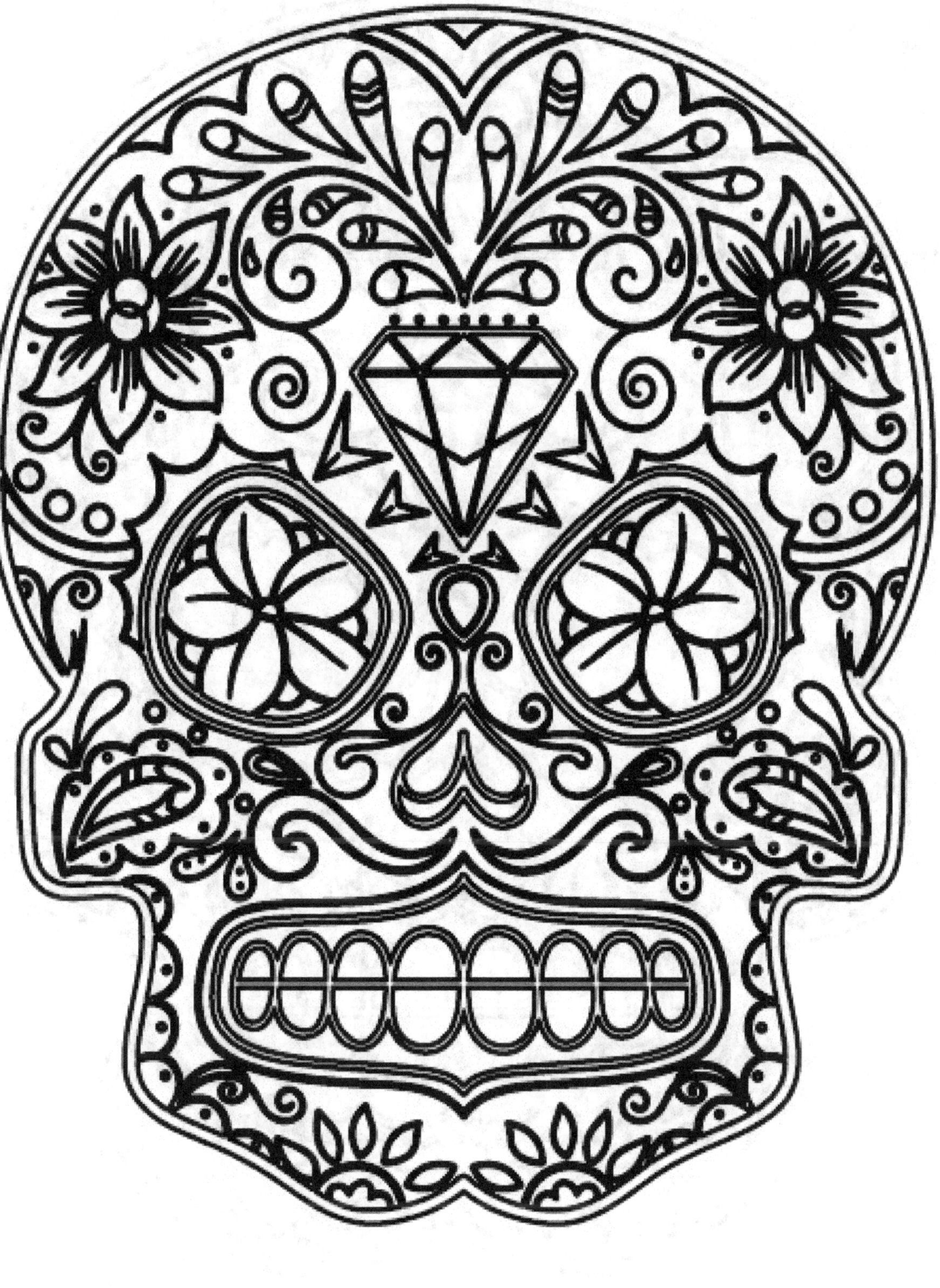

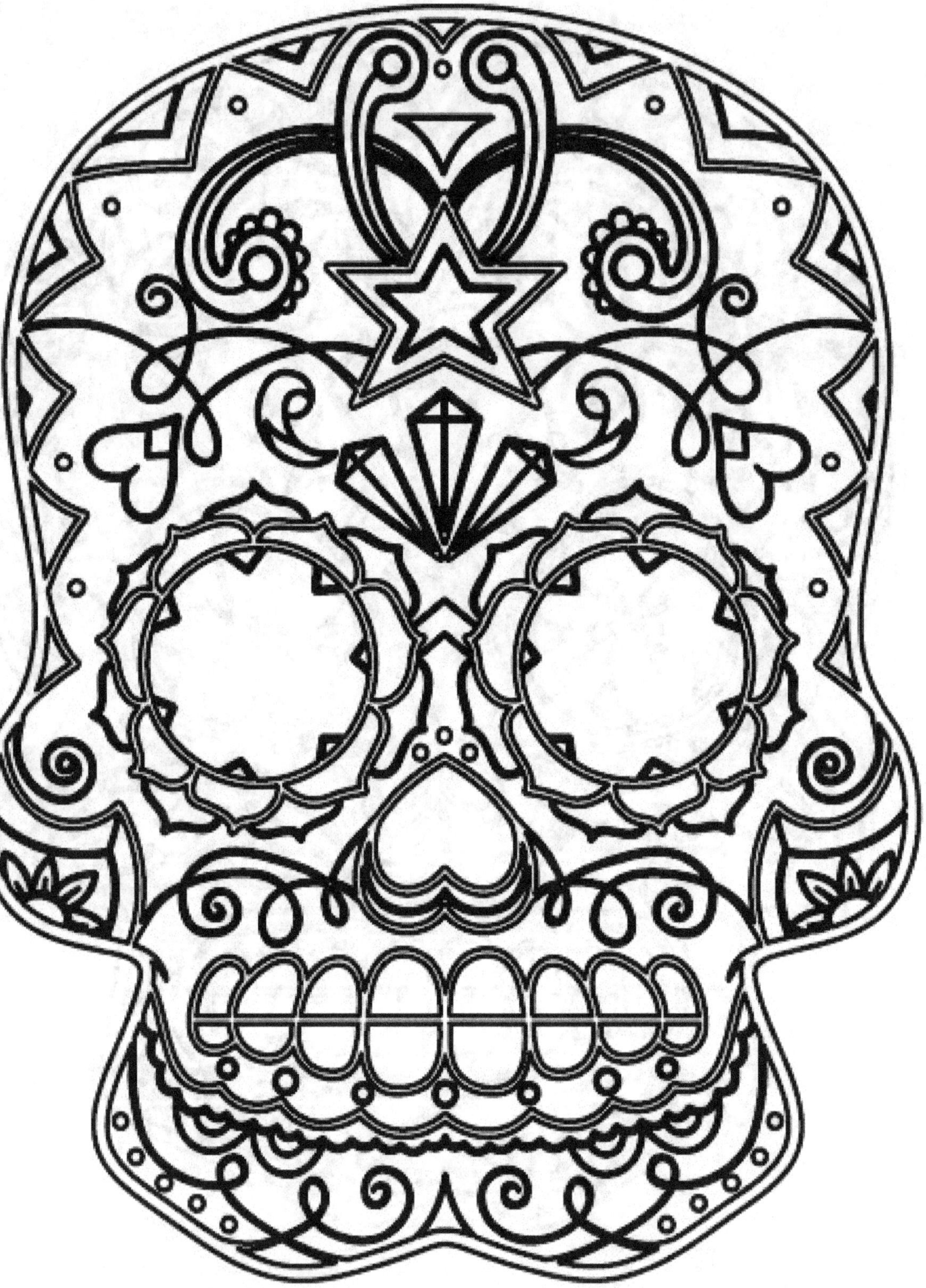

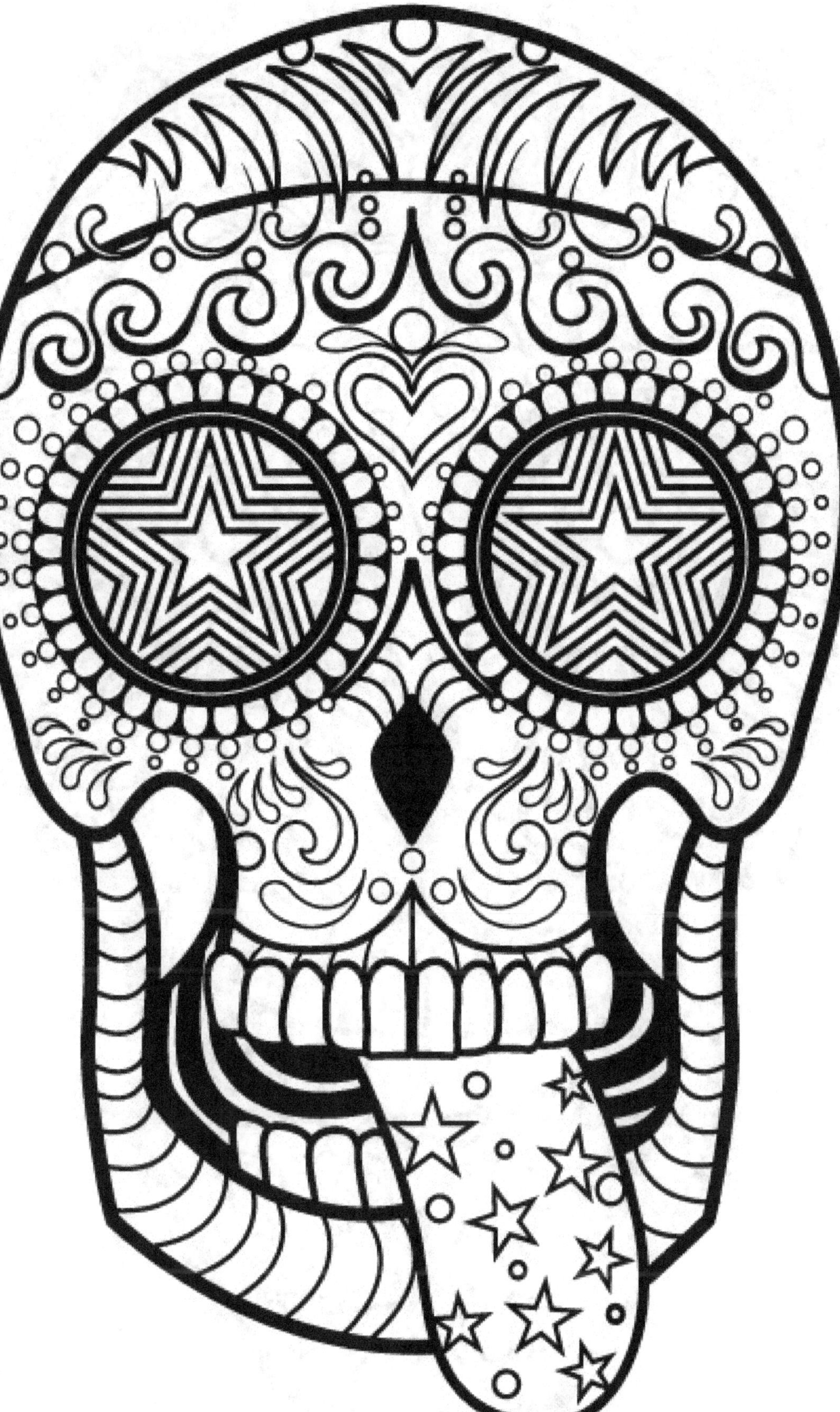

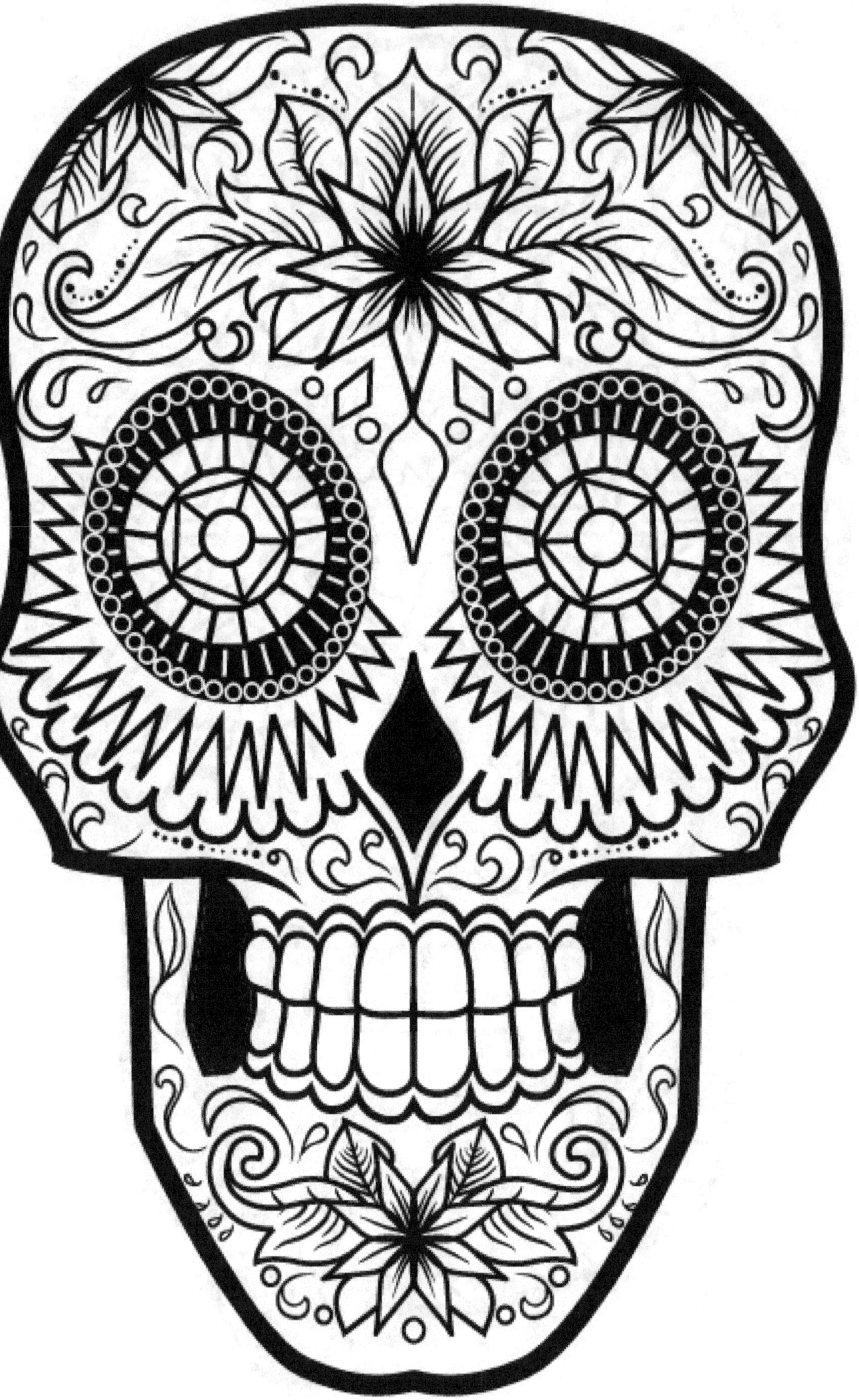

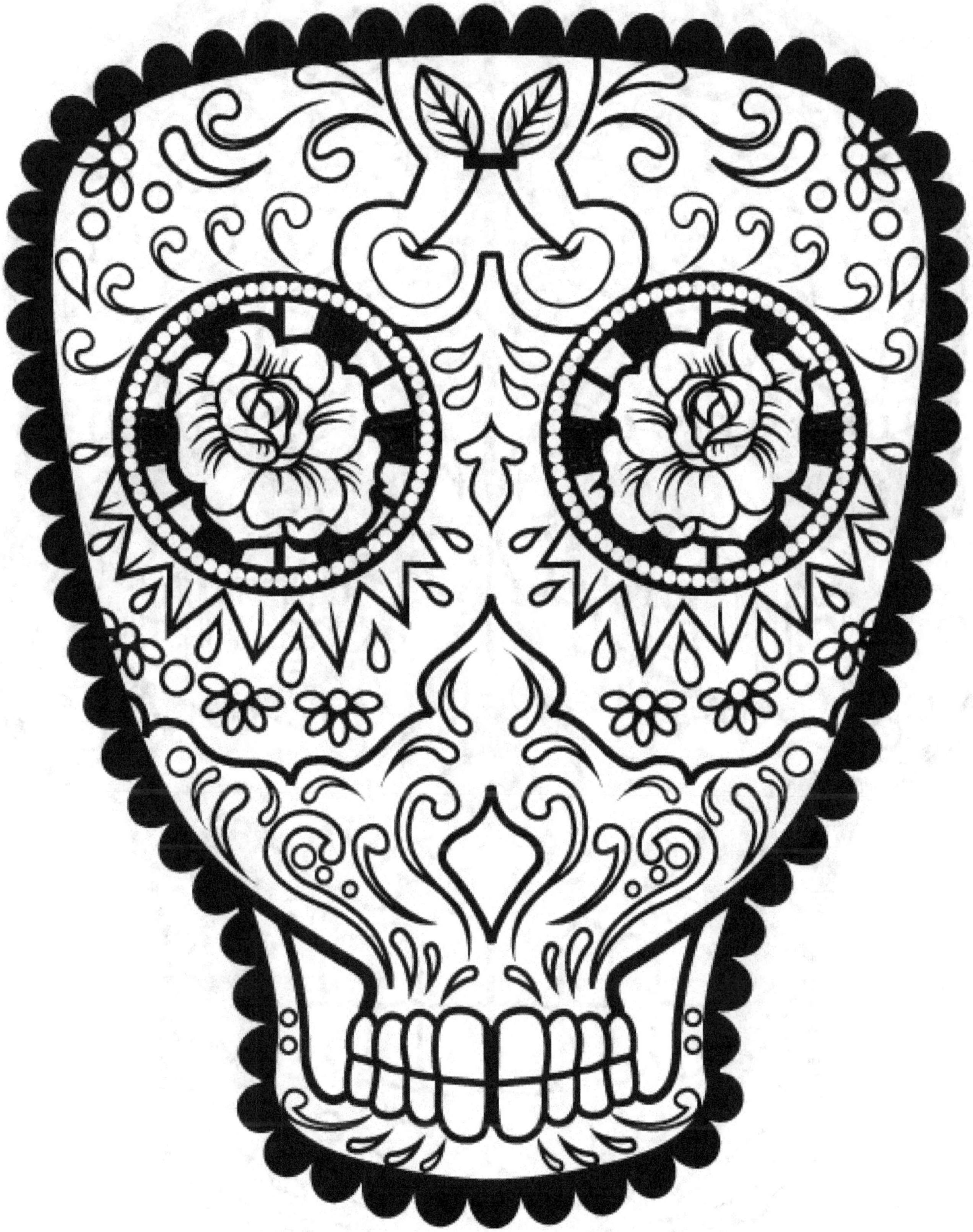

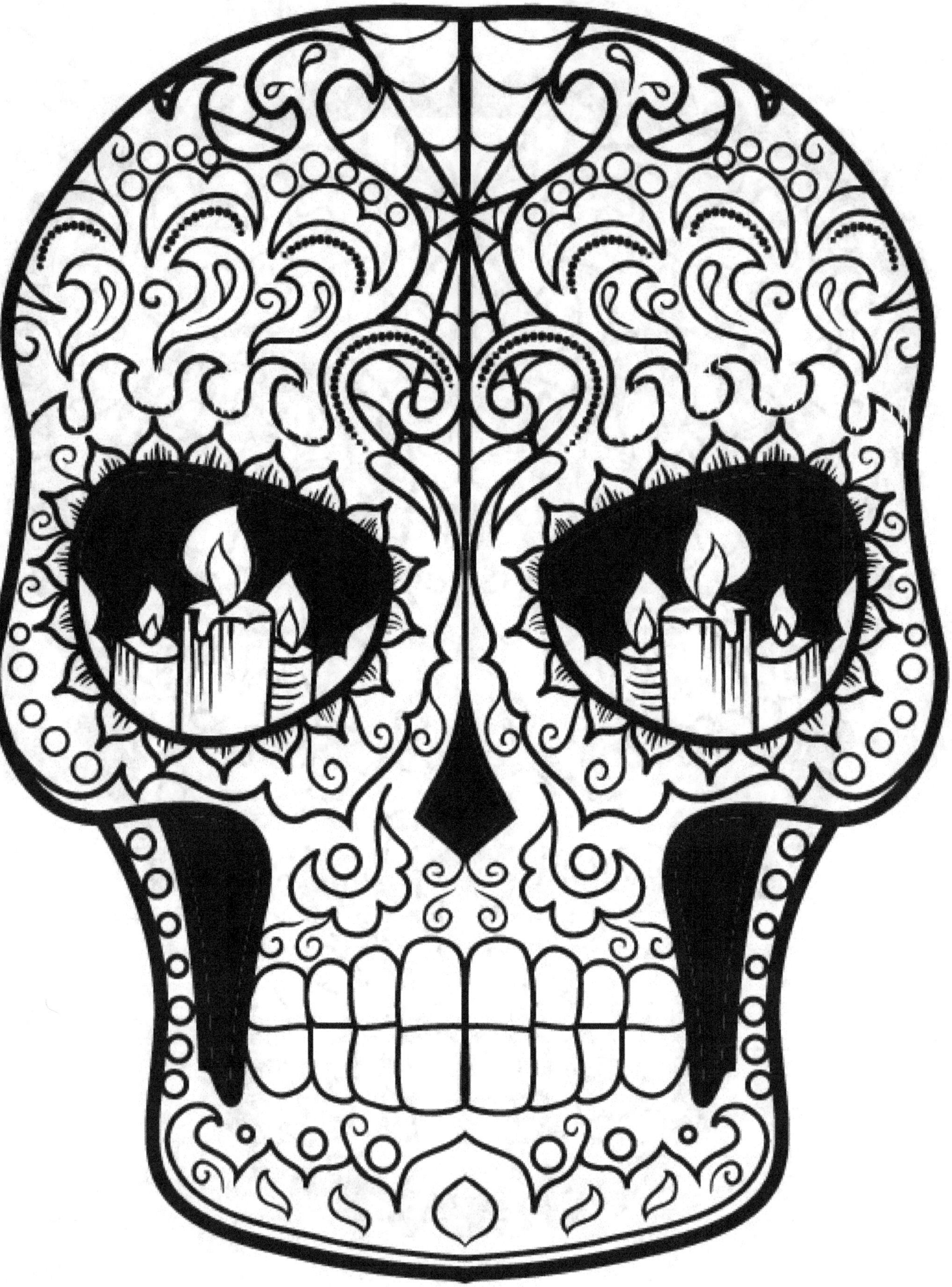

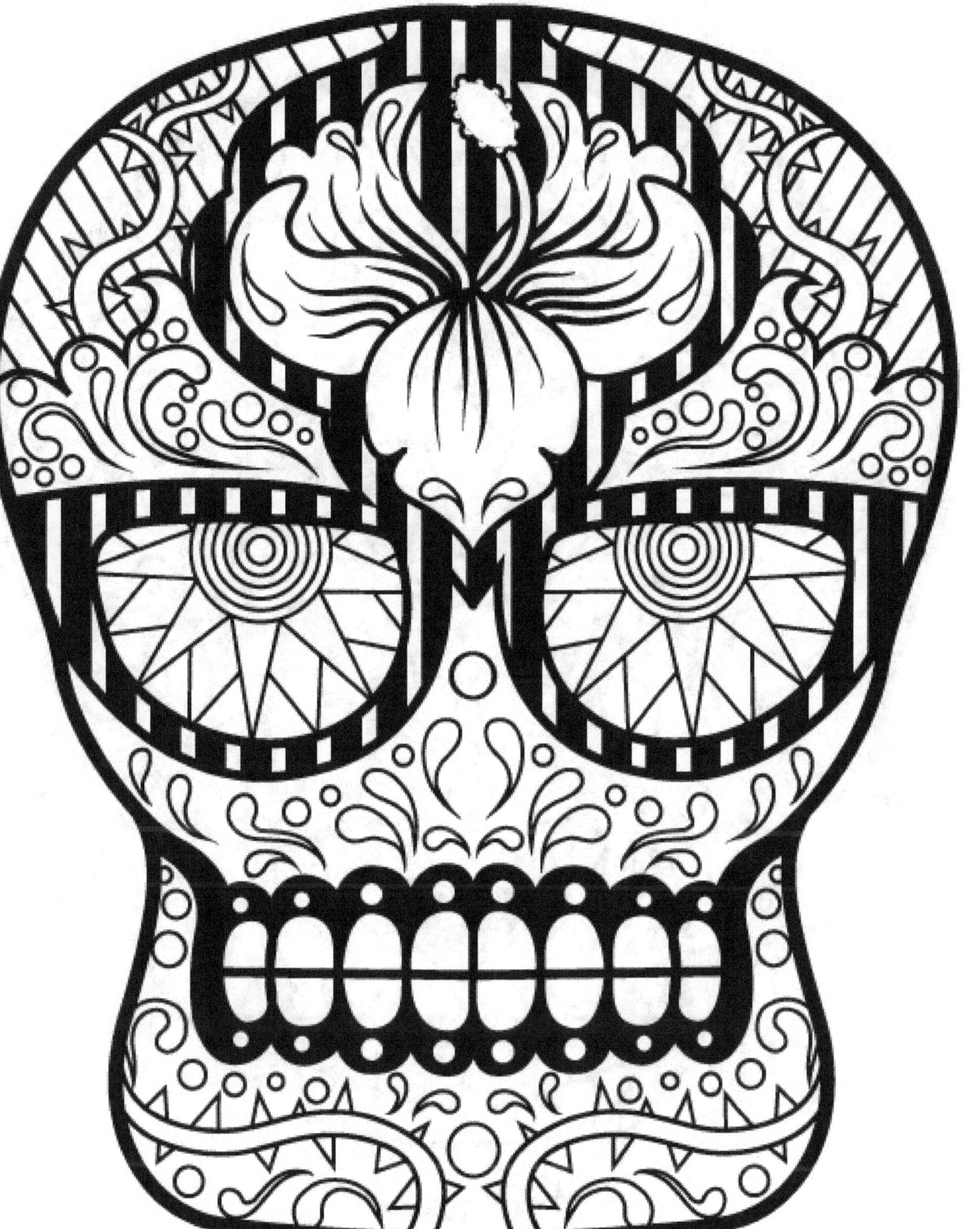

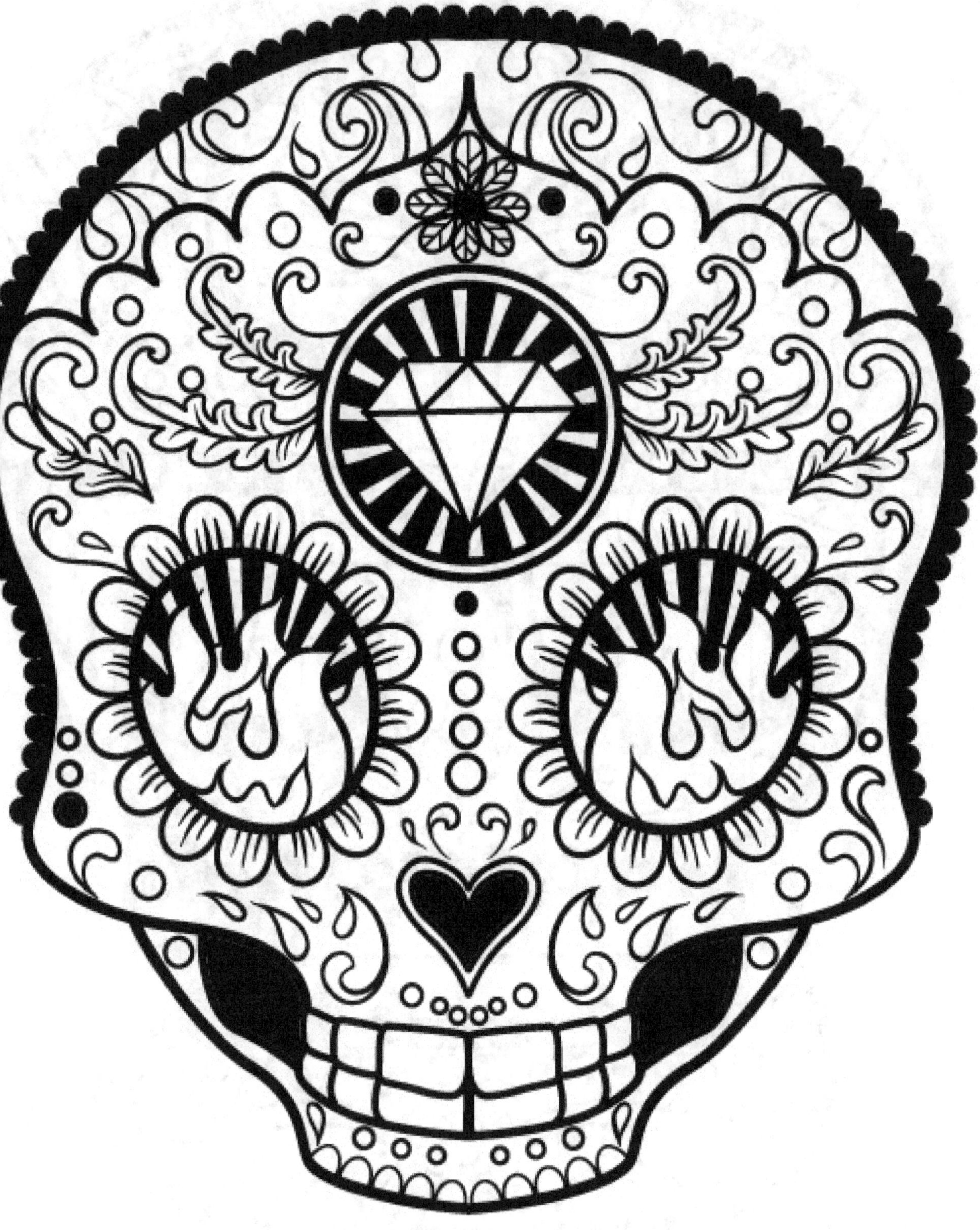

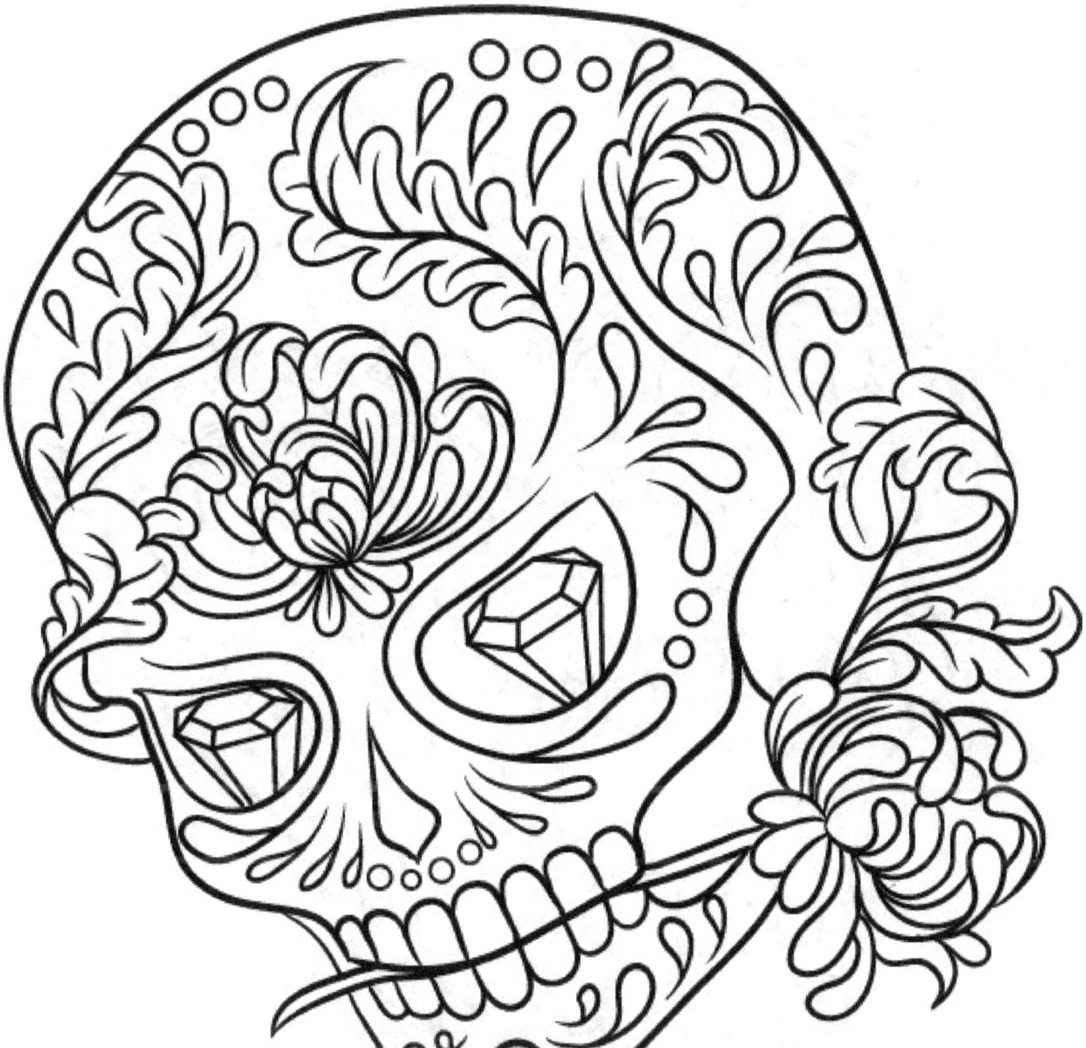

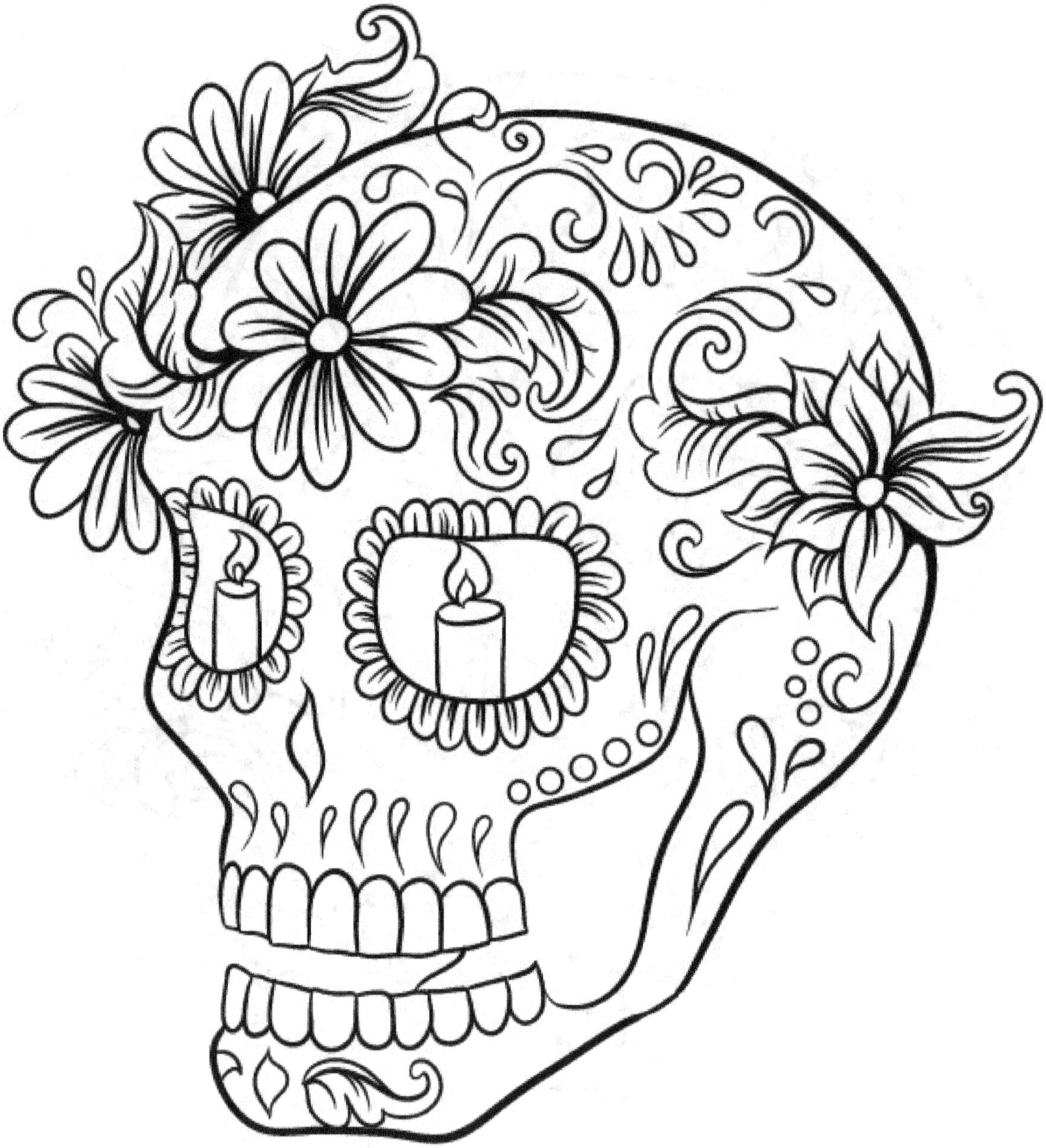

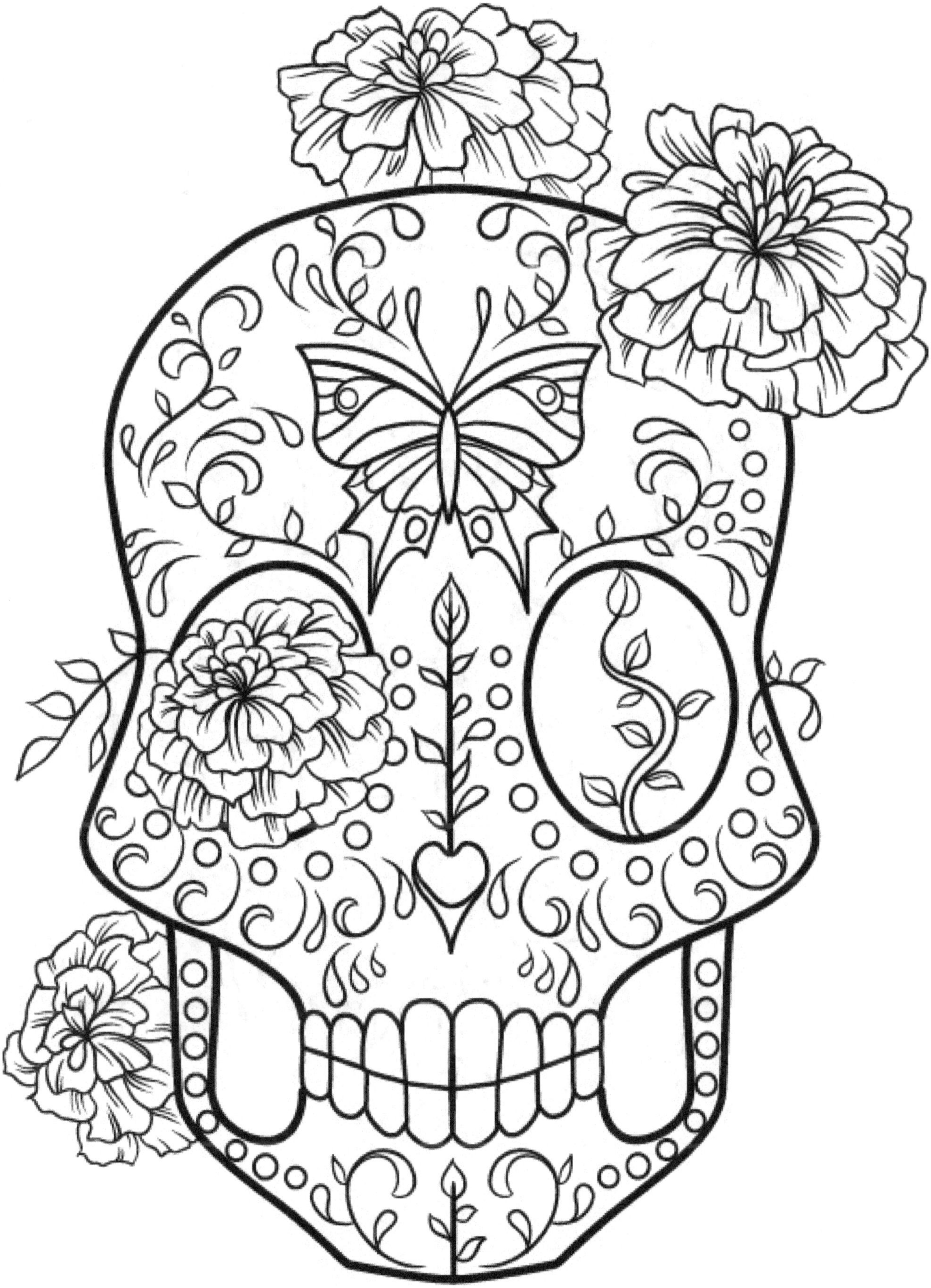

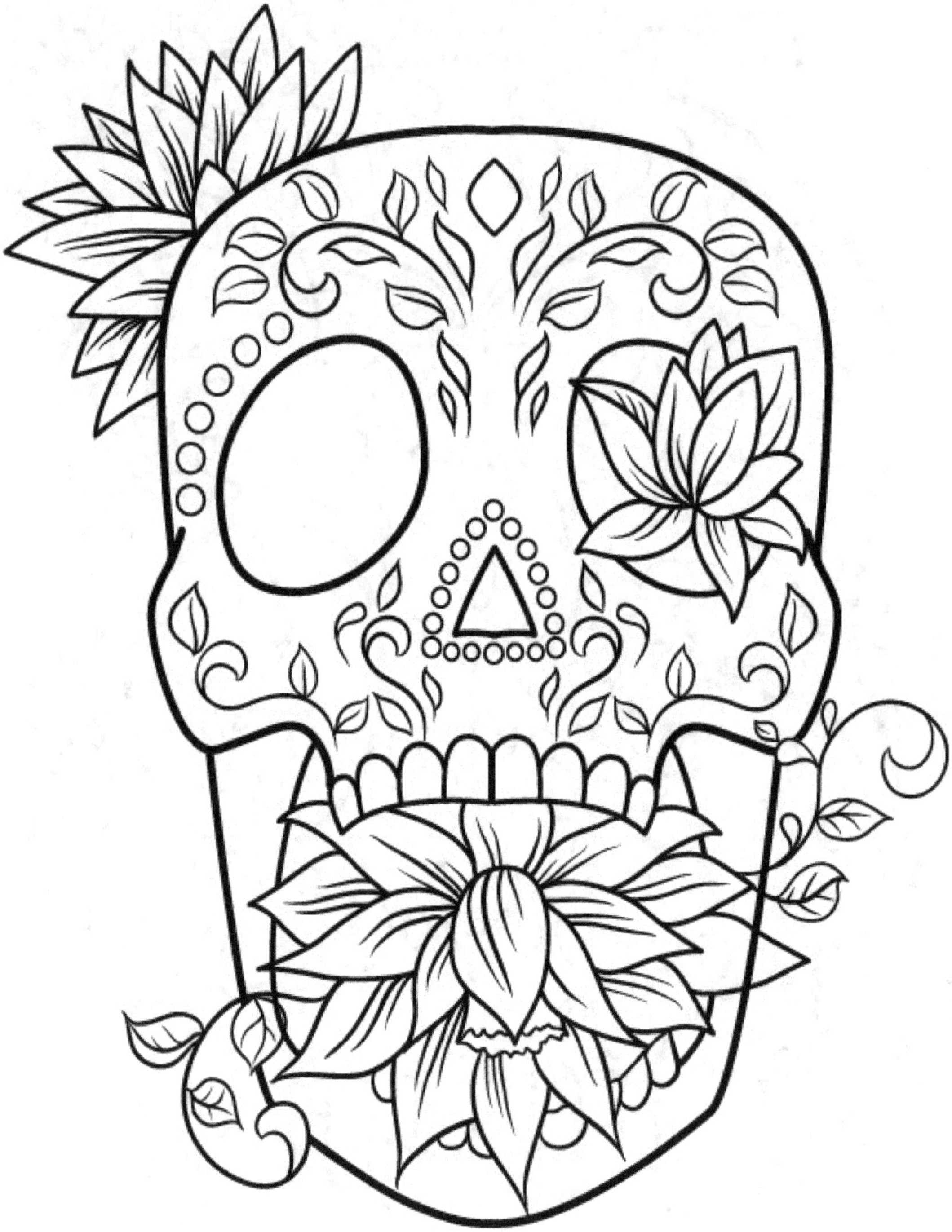

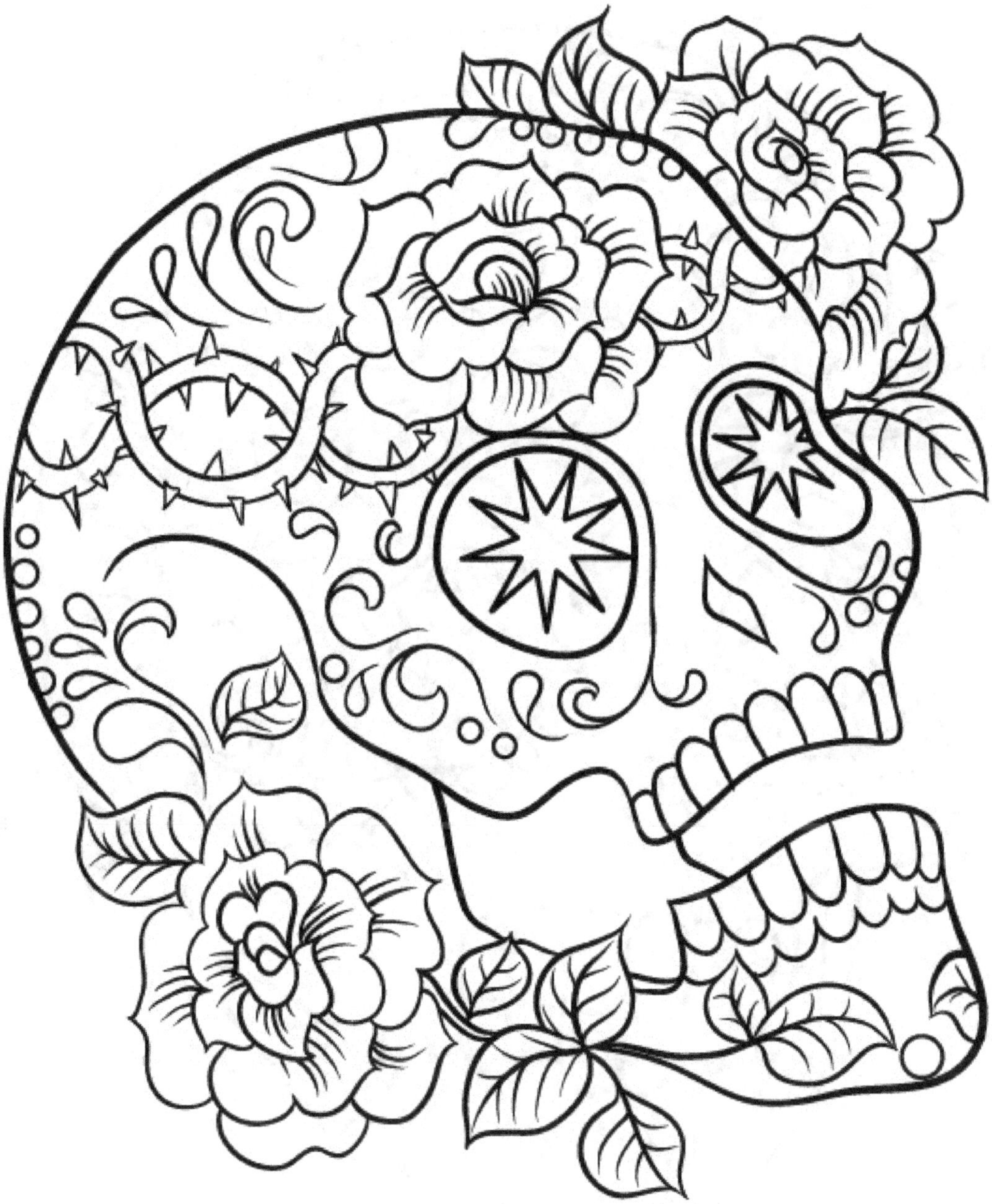

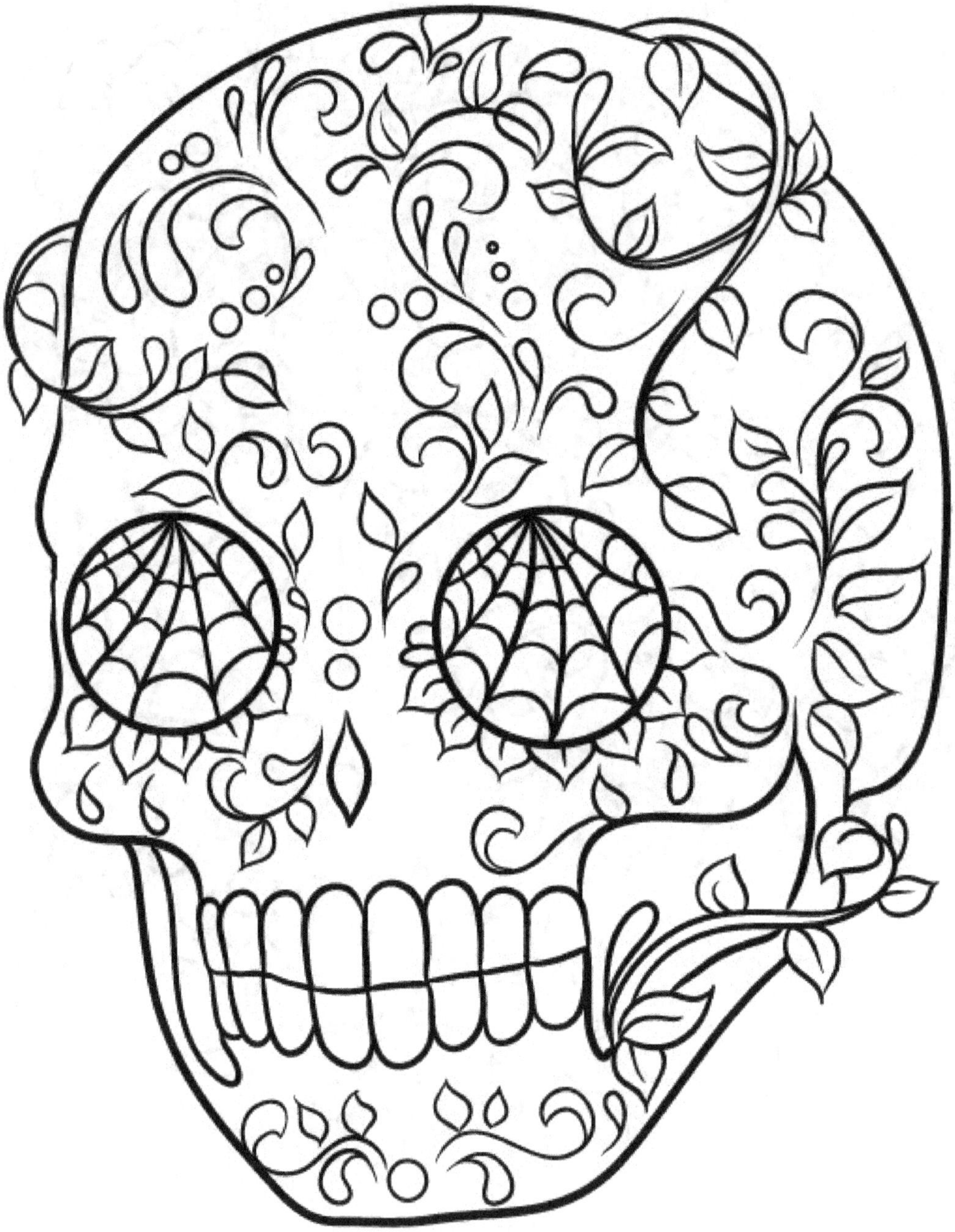

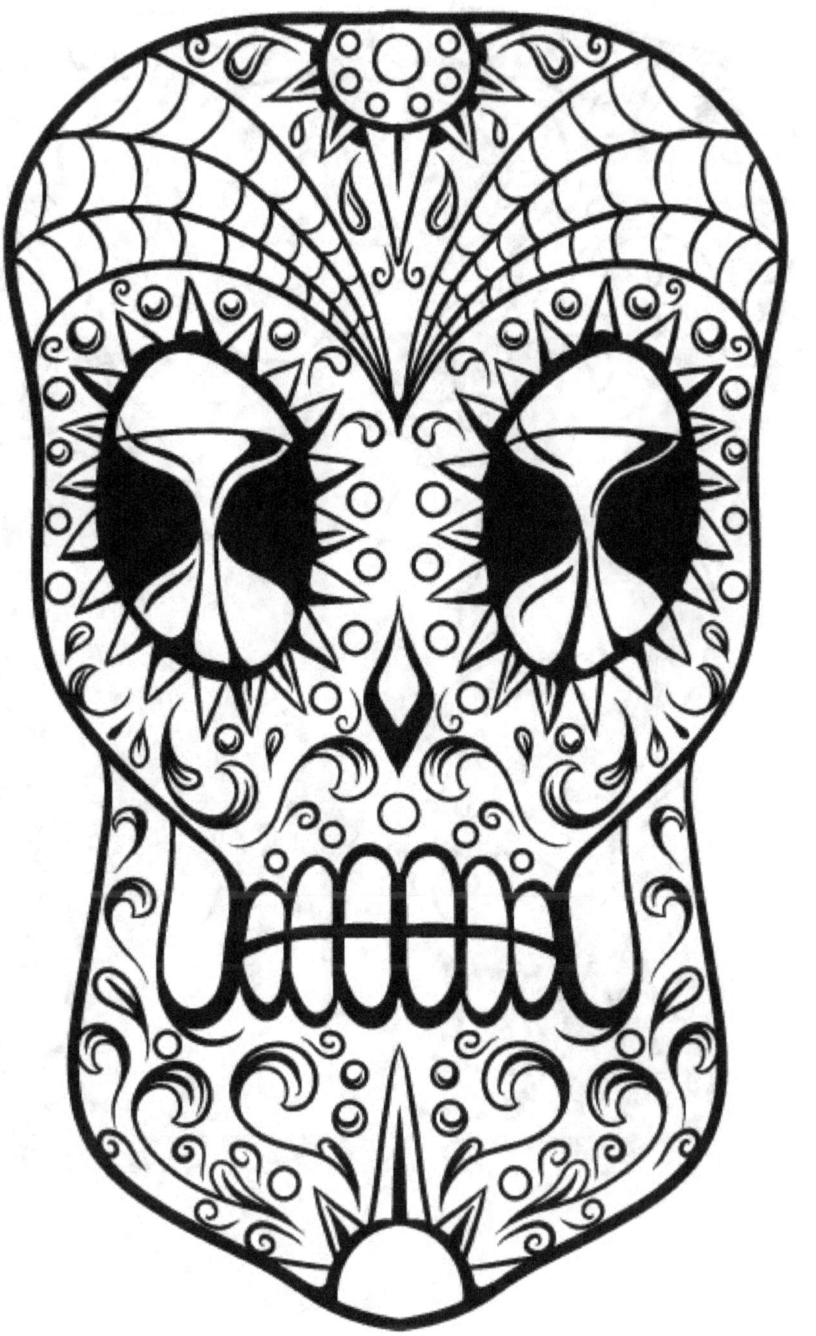

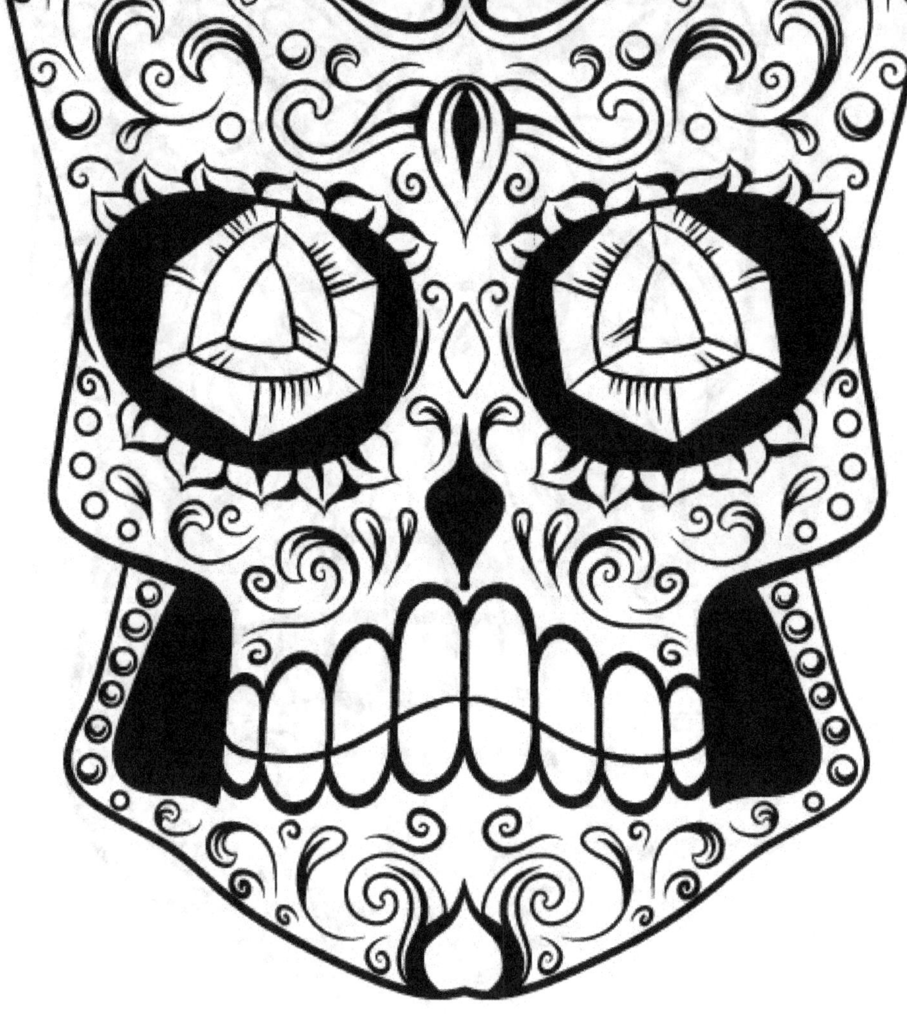

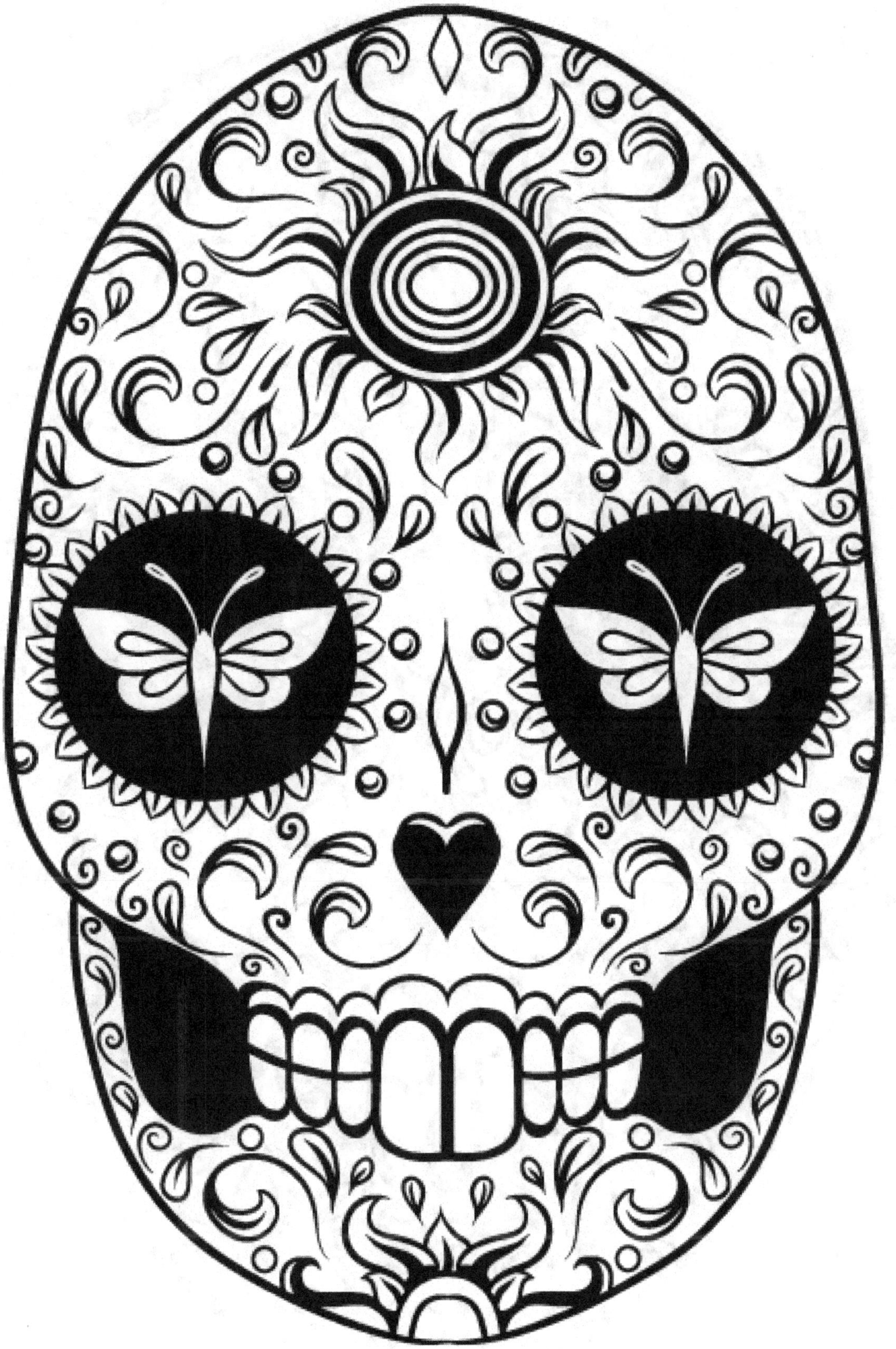

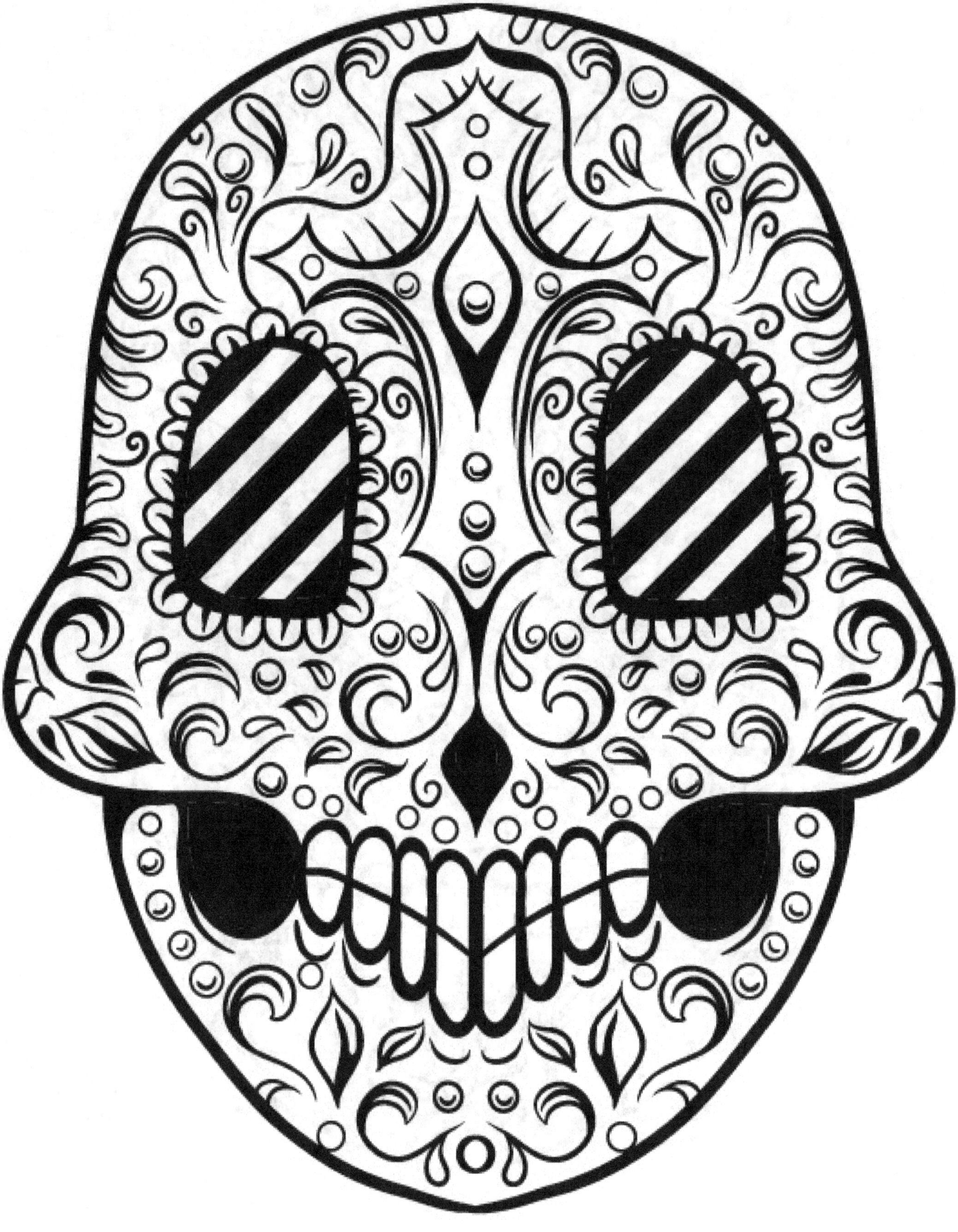

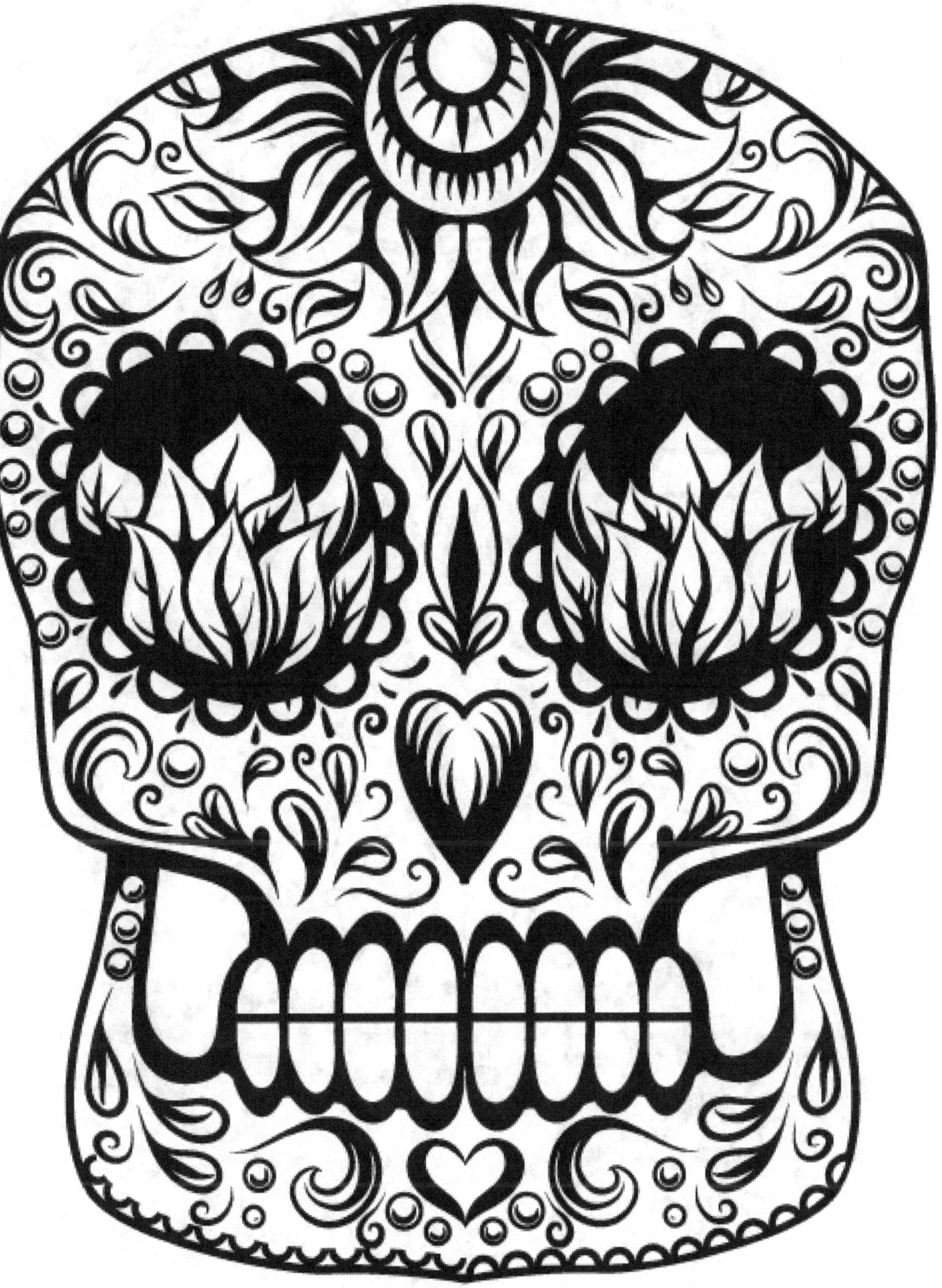

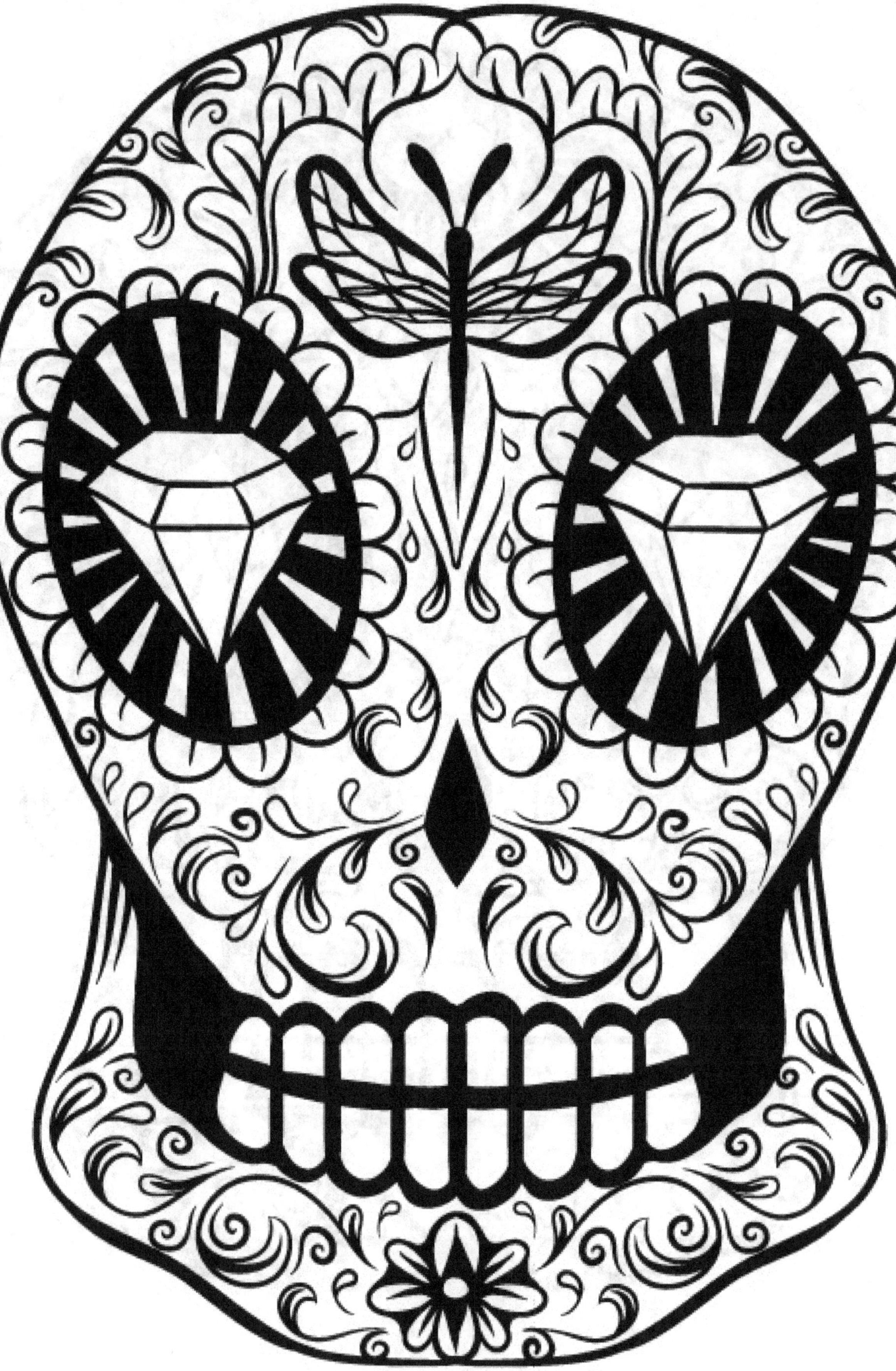

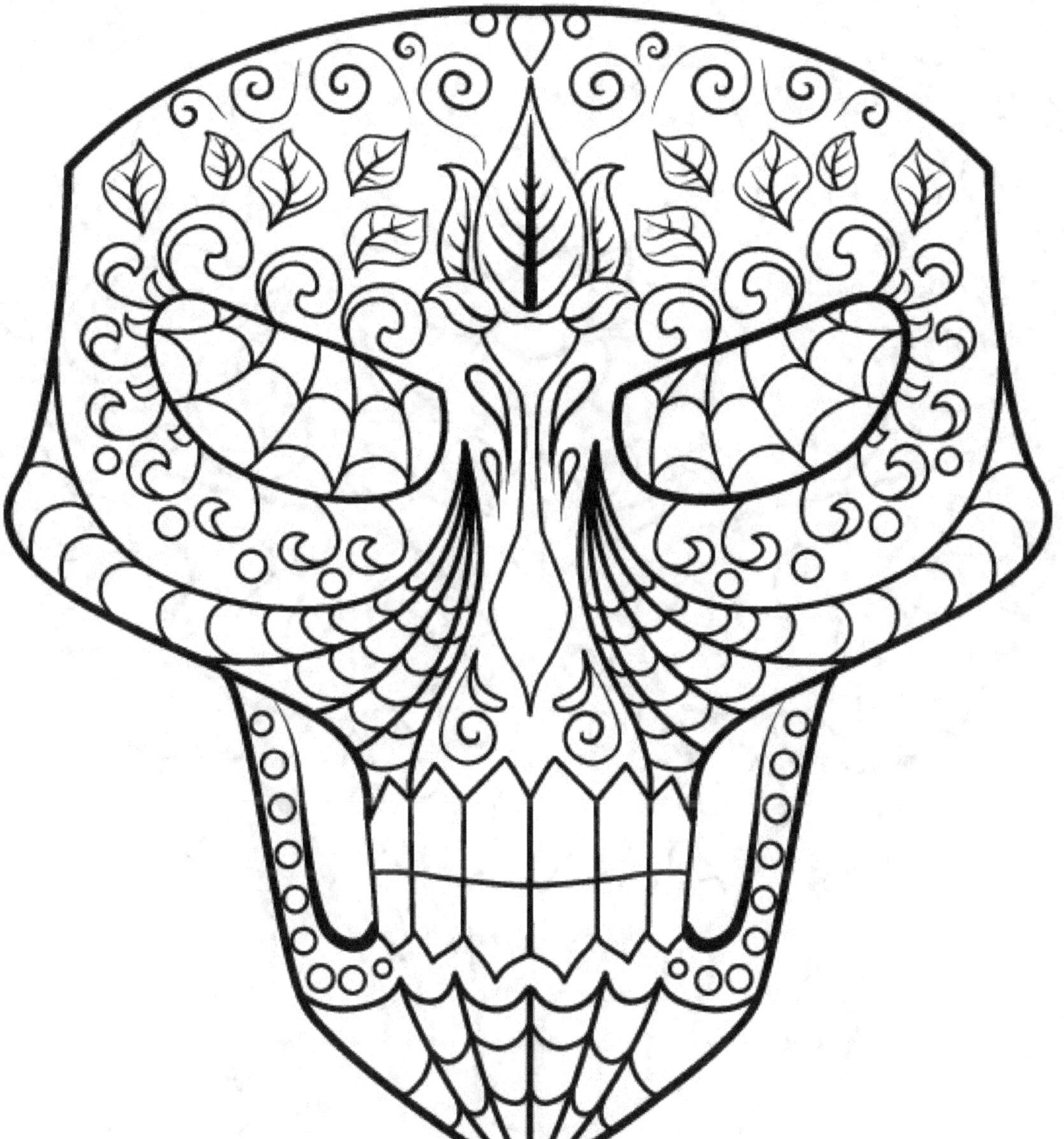

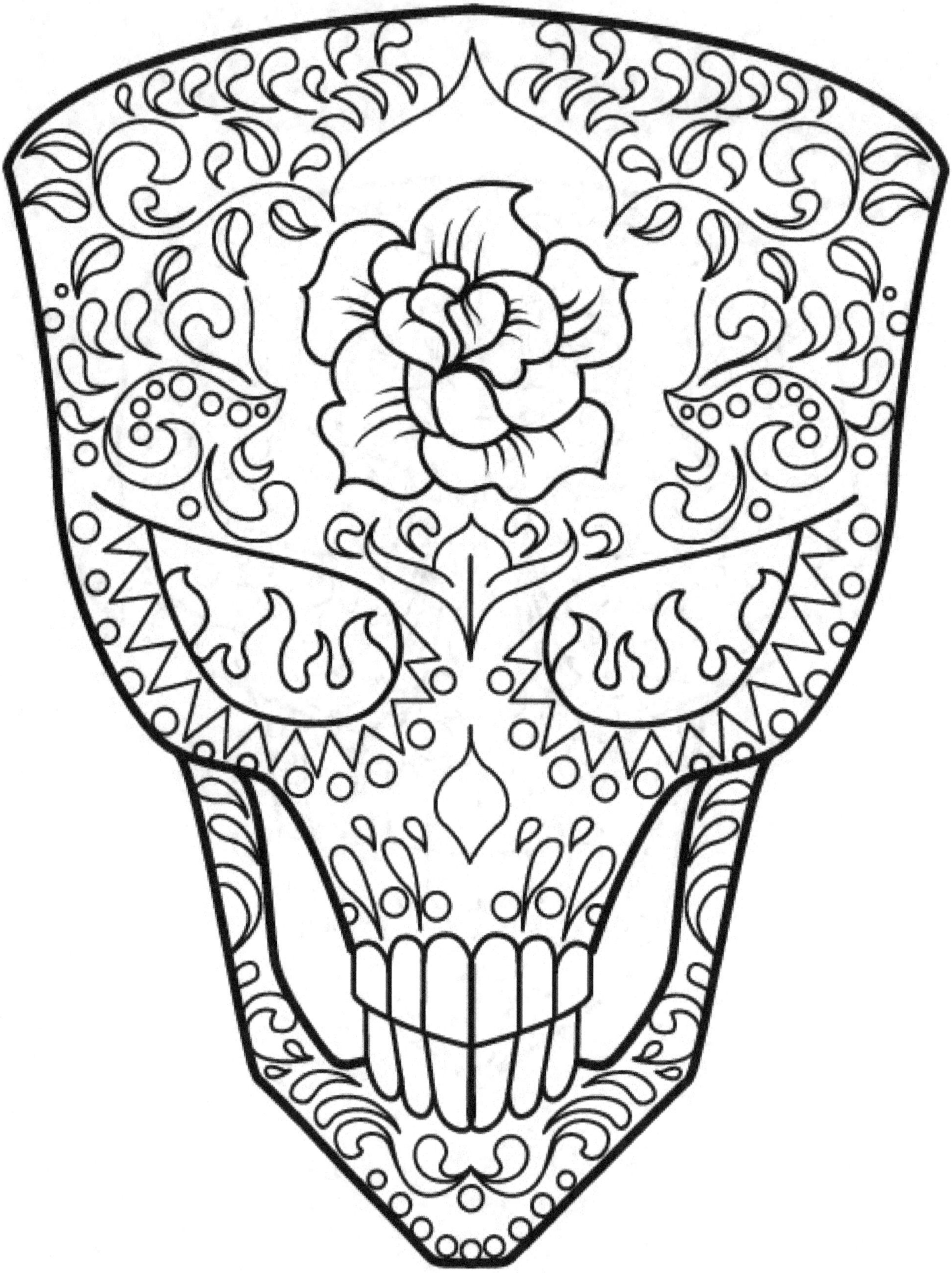

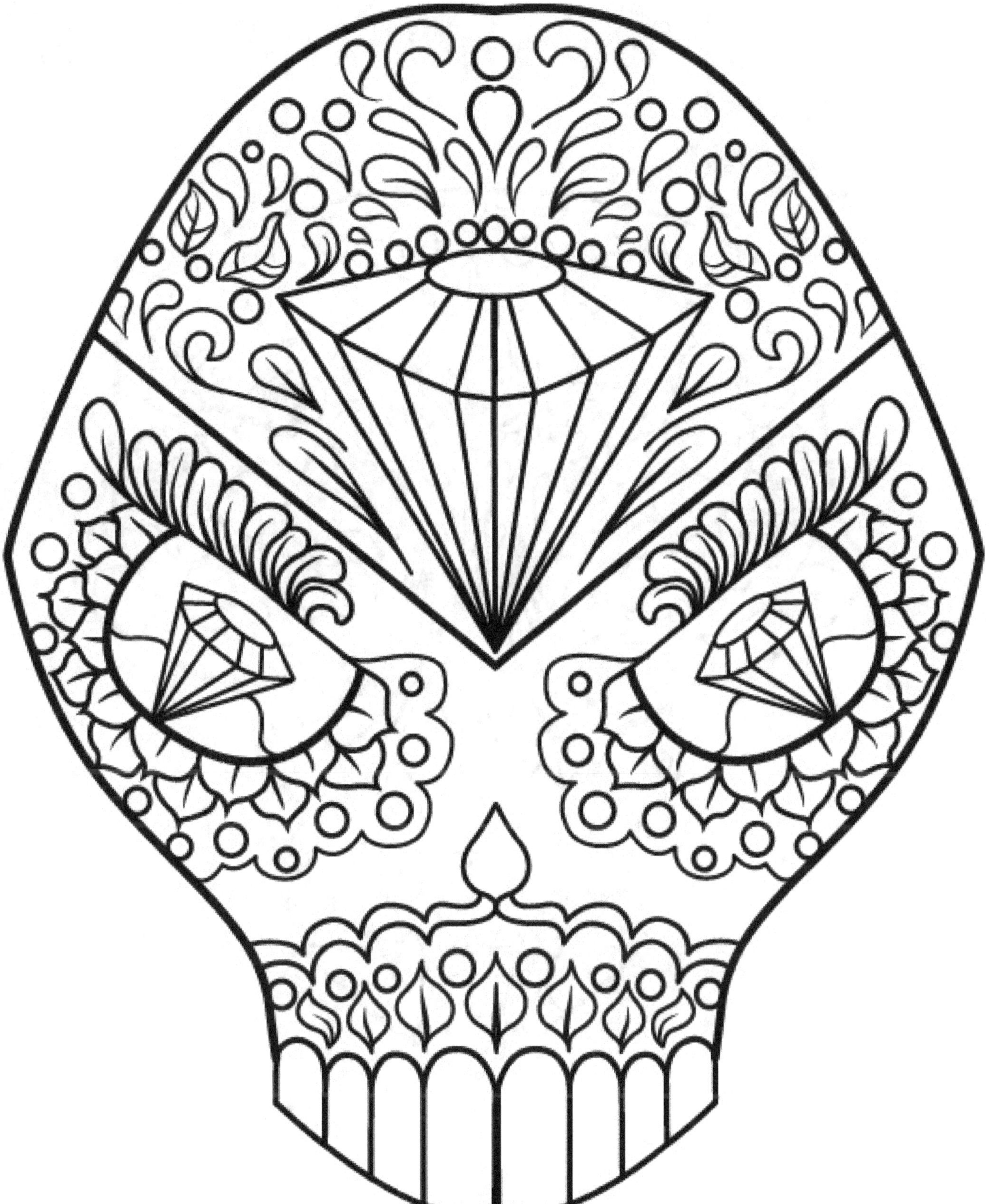

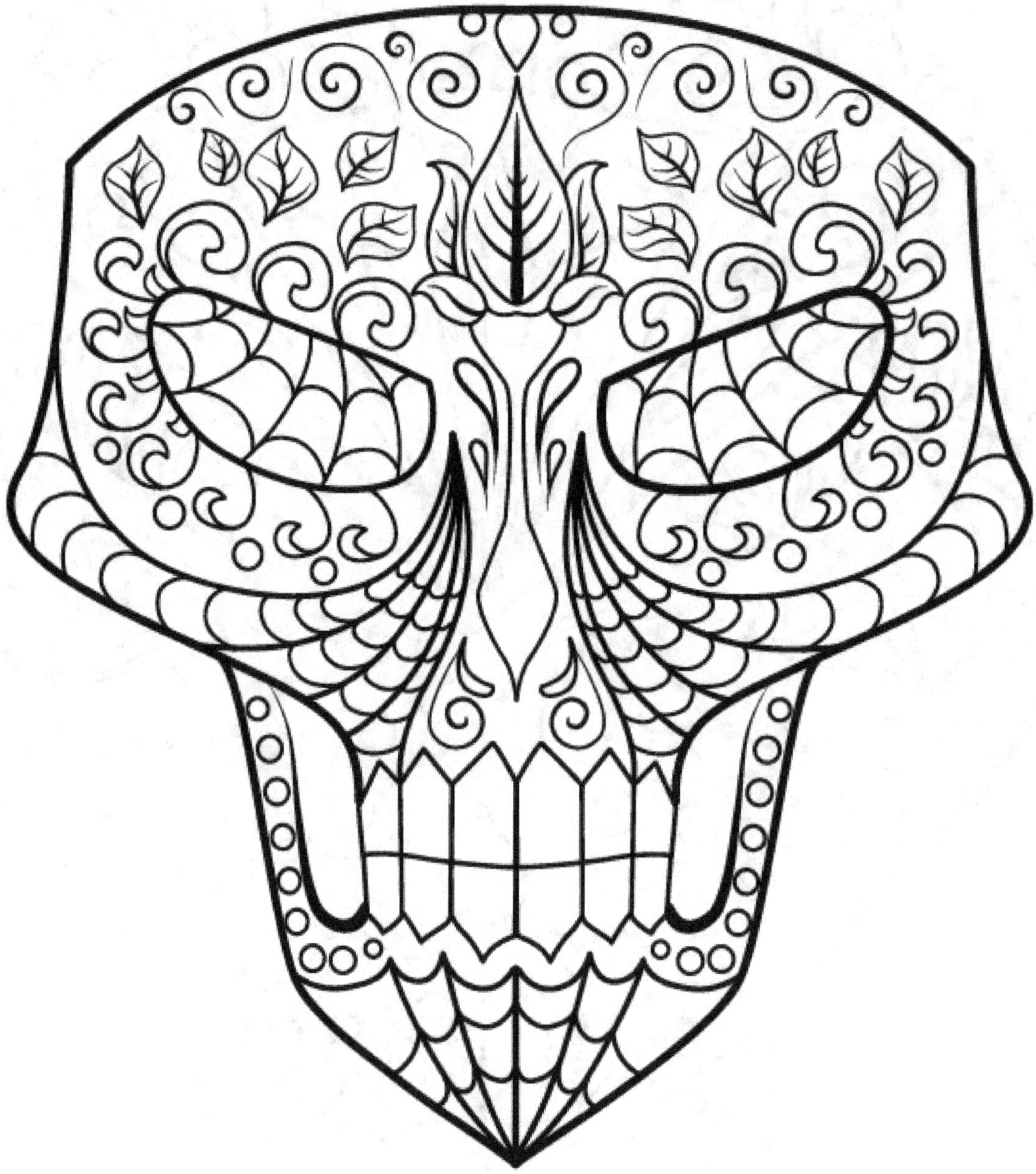

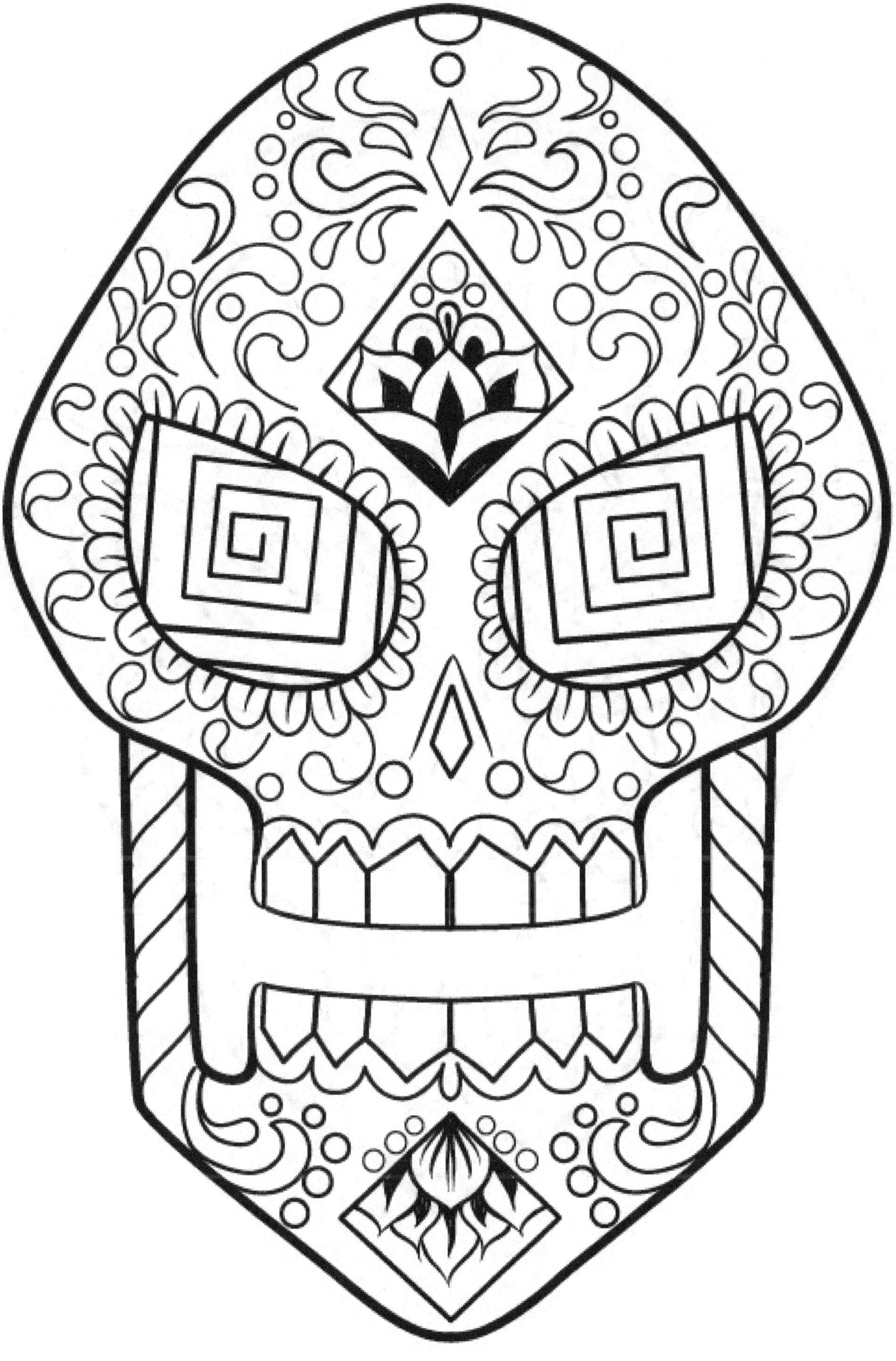

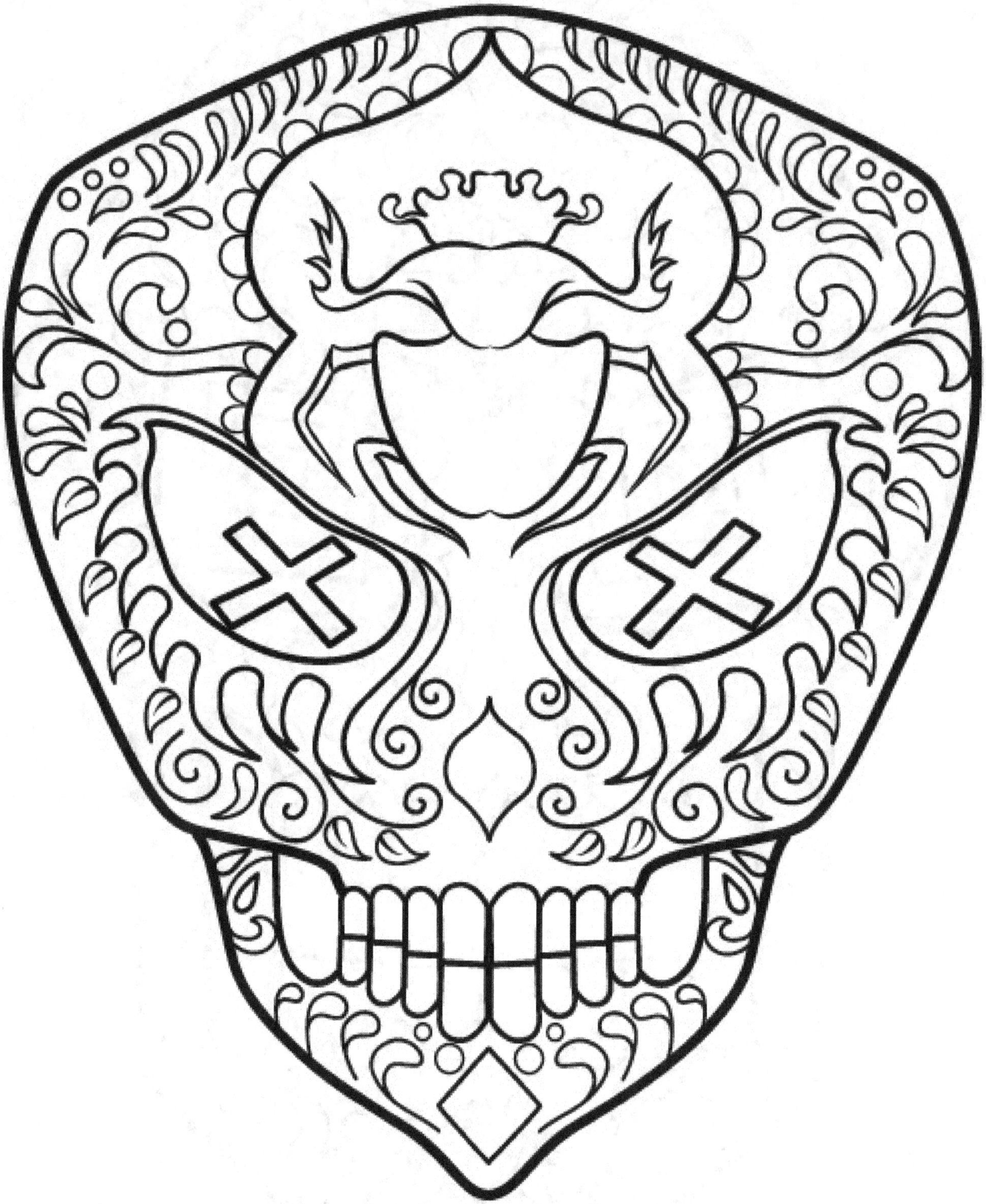

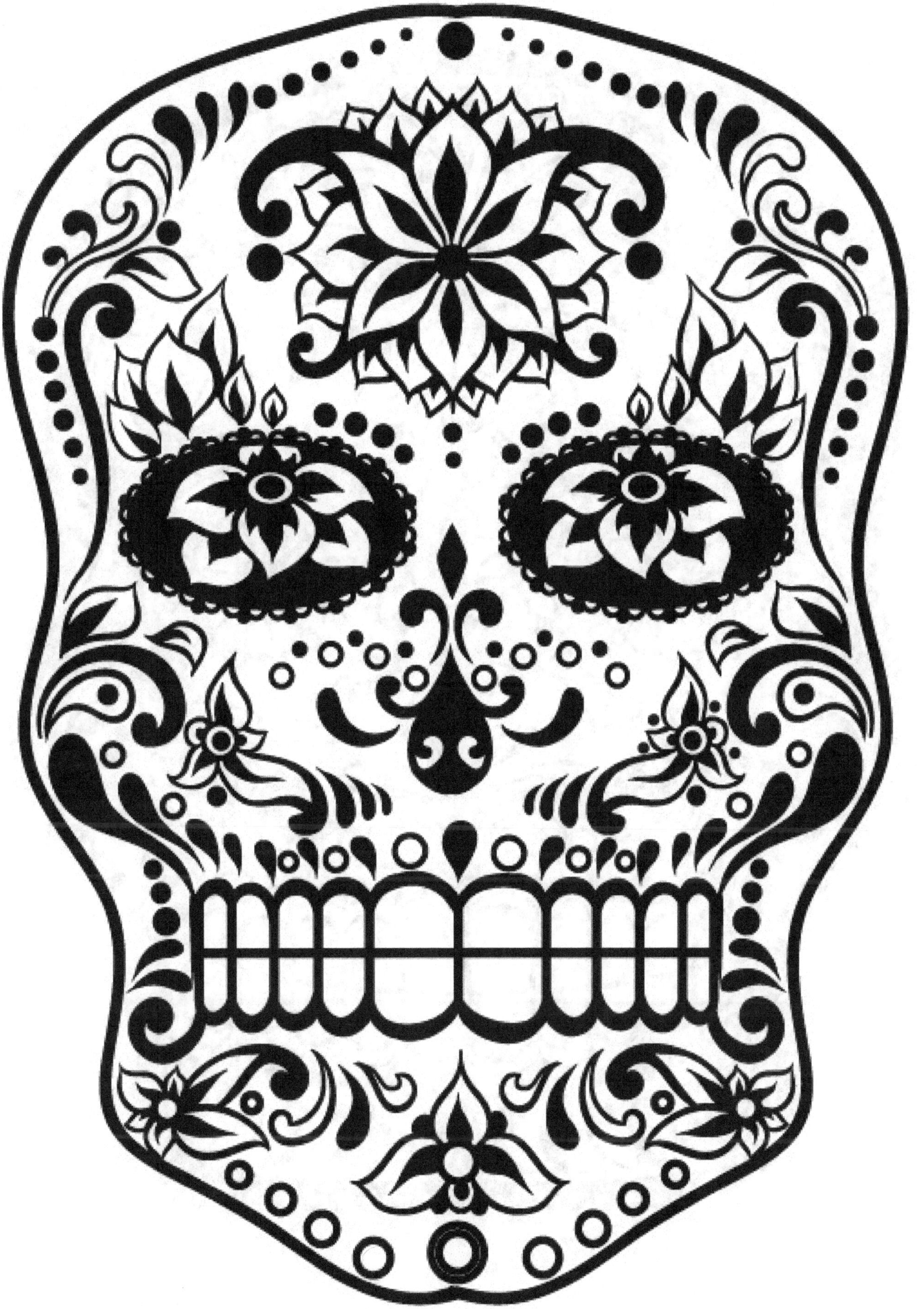

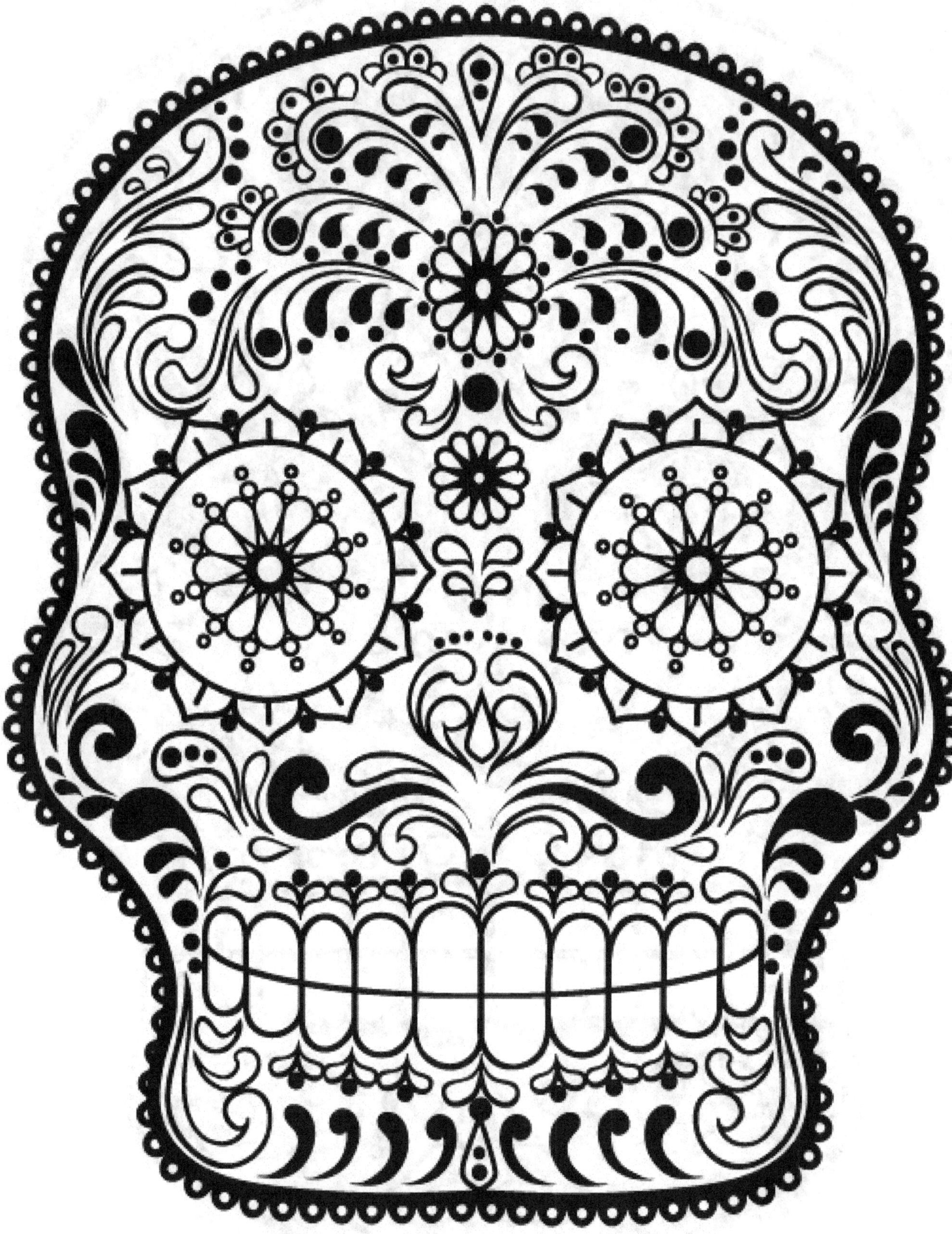

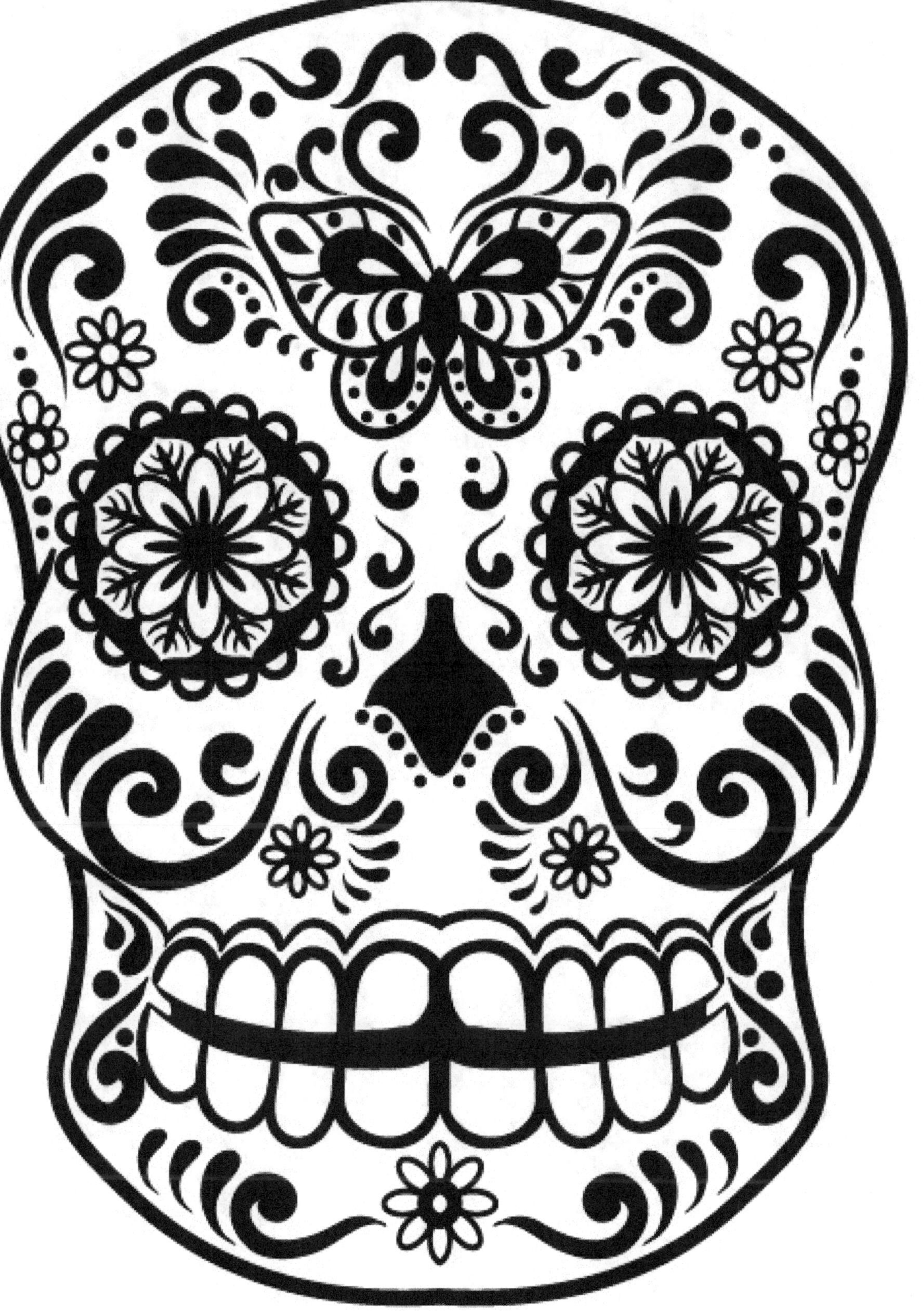

www.ingramcontent.com/pod-product-compliance
Lightning Source LLC
Chambersburg PA
CBHW080437220526
45465CB00009B/3326
* 9 7 9 8 6 8 0 4 0 6 0 5 2 *